HAWAIIウェディングプランナーのアイディアBOOK

Wedding Scenes

世界一素敵なウェディングシーンのつくり方

小林直子

集英社

結婚式って最高に楽しい！

　2002年2月。結婚式を終えたばかりの私はそう叫びたい思いでいっぱいでした。ウェディングのことなんて何もわからなかった自分が手探りで始めた結婚準備。もともと私には、感謝の気持ちを伝えるために叶えたいことがいくつもありました。どれも些細なことだけれど譲れない。なのに受け入れてもらえず「わがまま」と見なされてしまう。だから仕方なく、シロウトの私が自分で自分の結婚式をプランニングすることになったのです。それが私のウェディングプランナーとしてのデビュー作でした。

　あれからずっと同じ気持ちで、たくさんの結婚式をお手伝いさせていただきました。結婚式は面倒くさいものでも現実離れしたものでもありません。最高に楽しくて最高に泣けるもの。この本には、実際にお手伝いしたカップルの写真がちりばめられています。こんなふうに、あなたの結婚式もかわいくって温かいものでありますように。そしてウェディングプランナーというお仕事をもっと知っていただけますように…。そんな思いでこの本を作りました。

　　　　　　　　ウェディングシーンズ　小林直子

Hello Bride!!

Weddings are so fun!

That was what I wanted to shout from the rooftops just after my own wedding in February 2002. There were so many details that I wanted to get just right so that I could express feelings of appreciation for those who would attend, but when I tried to communicate that to others, they thought I was just being difficult and too particular. That is how I ended up planning my own wedding and debuted as a wedding planner. Since that time, I have planned many weddings with the same care and attention to detail with which I planned my own. This book contains many photographs of couples whose weddings I've planned. My hope is that your wedding will be just as charming and filled with warmth. I also want to share with you what it means to be a wedding planner...these are my hopes in writing this book.

Naoko Kobayashi

CONTENTS

HAWAII ウェディングプランナーのアイディア BOOK
世界一素敵なウェディングシーンのつくり方
Wedding Scenes

Introduction ……P2

Happy Wedding Story ……P6
   1 Reiko and Toshiaki
   2 Chiaki and Jamaal
   3 Mizuki and Hiroyuki
   4 Reina and Taizo
   5 Saeyoung and Jaewook
   6 Mami and Yoshihiro

For your own wedding style ……P28

Idea 1   Concept & Theme Color ……P30
「コンセプト」「テーマカラー」に二人の想いを乗せて

Idea 2   Location & Program ……P43
「どんな場所で何をする？」まずはそこから

Idea 3   Decoration ……P51
二人の世界観を印象づける会場デコレーション

Idea 4   Sweets Buffet ……P65
スイーツビュッフェで、ロマンチックをひとふり

Idea 5   Table Coordination ……P71
テーブルコーディネートは居心地のよさを大切に

Idea 6   Dress-up ……P83
センスアップしてドレスアップ！

Idea 7   Paper Item ……P89
ペーパーアイテムでオリジナリティをアピール

Idea 8   Wedding Cake ……P95
ウェディングケーキにも、小さなサプライズを

Idea 9   Gift ……P101
演出や装飾を兼ねたギフトでおもてなし

From Naoko @ Wedding Scenes
   My Wedding ── 始まりはこのときでした ……P42
   ハワイウェディングの本当の魅力 ……P50
   ゲストを想う気持ち、感謝する気持ち ……P64
   「素敵」を実現するのは、アイディアとセンス次第 ……P70
   感謝を伝える「バウ・リニューアル」の贈り物 ……P82
   おしゃれなウェディングフォトを残すために… ……P88
   「ブライダルパーティ」を日本でも！ ……P100
   もっと知ってほしいウェディングプランナーのこと ……P106

Schedule & To Do List ……P108

6 Happy Wedding Story

30 Concept & Theme Color

43 Location & Program

51 Decoration

65 Sweets Buffet

71 Table Coordination

83 Dress-up

89 Paper Item

95 Wedding Cake

101 Gift

Happy Wedding Story 1

Reiko and Toshiaki

ゲストと楽しむ、カーニバルみたいなウェディング

「カーニバルのように、ワクワクするウェディングにしたい！」と相談を受けてプランニングしたのは、教会挙式〜ゲストハウスでのパーティ。おしゃれな二人が選んだテーマカラーはピンク。ドレスコードもピンクにして、家族や友人総勢40名がオアフ島に集いました。セレモニーでは、友人たちがブライズメイドとグルームズマンとして勢ぞろい。パーティは、会場の飾りつけからペーパーアイテム、ケーキ、音楽、小道具のひとつひとつにも、形式にとらわれない二人の世界観を満載して。リゾートらしくリラックスしたムードのなか、大切にしている方々と素敵な時間を過ごしたいという思いがその笑顔から伝わります。ゲストハウスのガーデンには夜遅くまで幸せな笑い声があふれていました。

1.花嫁のこだわりがたくさん詰まったサングラスやシューズ。2.テーマカラーのピンクには、ライトグレーのスーツもマッチします。3.花モチーフやパールでチャーミングにまとめつつ、モードなドレスアップを。4.セレモニーはヨーロピアンムードが漂うセントラルユニオン大聖堂。5.友人たちが務めるブライズメイドは、南国ならではのカジュアルなミニドレスで。6.ブーケはさまざまなニュアンスを持つピンクの花をナチュラルに束ね、レースのリボンをアクセントに。7.二人のプロフィールとゲストの紹介を兼ねたリーフレット。イラストももちろんオリジナル。8.晴れた日のフラワーシャワーはハッピーそのもの！

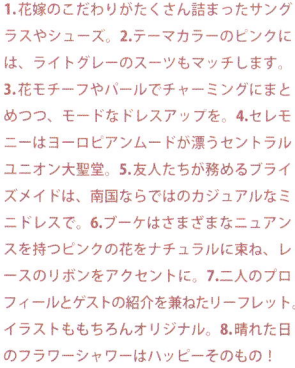

Reiko and Toshiaki

Enjoy your Big Day!!!

9.エスコートカード（P92-93参照）は、ヒゲやメガネなどフォトプロップを利用して。**10.**スティックをつけ、うちわ風にアレンジしたメニューカード。**11.**写真にメッセージを書いてもらい、ウィッシュツリー（P49参照）に仕立てました。**12.**Reikoさん自らデザイン画を描いてオーダーしたケーキポップ。モチーフはレディとジェントルマン！**13.14.**プロップで盛り上がり、ハッピーな笑顔満開。**15.**スイーツビュッフェはペールトーンで爽やかに。**16.**ウェディングケーキもReikoさんのデザイン。**17.**テーマカラーのピンクはやや控え、ペールブルーでまとめたテーブルセッティング。**18.**ライトやフラッグのガーランドで華やぐガーデン。**19.**大作のリーフレットは読み応えたっぷり。**20.**ピンクのコスチュームでダンスを披露するゲスト。最後はみんなでダンシング！

Reiko and Toshiaki

Happy Wedding Story 2

Chiaki and Jamaal

家族のふれあいを大切に、ビーチサイドウェディング

国際結婚の二人は、お互いの家族やゲストの交流を深めたいと、自分たちの住むハワイで結婚式。言葉だけではコミュニケーションが難しいご両親を思い、あえて挙式もパーティも一軒家で行うことに。"マリン&アクアブルー"をテーマに、くだけすぎないビーチサイドウェディングをプランニングしました。日本、アメリカ本土、ハワイから40数名のゲストを迎え、午後4時にガーデンセレモニーがスタート。サンセットタイムにはパーティの始まりです。自然と交流しやすい会場作りや演出、プログラムが功を奏し、お互いのゲストの距離もぐっと近づいて。パーティやダンスが苦手なChiakiさんのご両親も積極的にダンスの輪に！ 泣きたくなるほどハートウォーミングな一日でした。

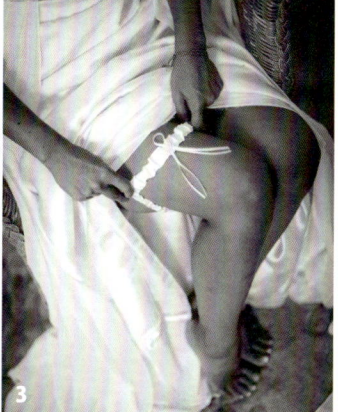

I am totally ready to get married...

1.貝殻をあしらったリングピロー。2.ビーズのシュークリップで靴とドレスをリンクさせて。3.ガータートスをするため、こっそり身支度しています♪ 4.シフォンのドレスは、両肩についたボウがトレーンのように流れるデザイン。Chiakiさんのエレガントな雰囲気にぴったり。5.Chiakiさんとお父様、セレモニー会場へ入場です。6.こちらは花婿Jamaalさんの入場シーン。牧師とグルームズマンに付き添われて。7.会場となったベイヤーエステートのエントランスには素敵なメッセージ。8.ハワイでお馴染みのレイ、実はとても意味のあるもの。花束に代えて感謝の気持ちを伝える「レイセレモニー」をしました

Chiaki and Jamaal

9.ベンチフラワーも、ビーチ沿いのウェディングに合わせた色使い。10.フラワーシャワーを待つ花びらたち。テーマカラーをさりげなく取り入れて。11.言葉は通じなくても心が通い合う開放的な一日。12.ガーデンでのセレモニーシーン。竹にオーガンジーを組み合わせてアーバーを用意。13.笑顔はじけるフラワーシャワーの祝福。14.庭の片隅に設置したくつろぎスペース。15.ミニドレスに着替え、ビーチを歩きながら記念撮影。16.パーティは広い庭にテーブルセッティングをして。17.シートマップは、立てかけたガラス窓に

18.スイーツビュッフェもアクアブルーでコーディネート。コミュニケーションの場になるよう、あえて屋内に設置しました。
19.バンドとダンサーが入り、フラダンス三昧。全員でのダンスタイムも！ 20.ランタンの下、靴を脱いでのくつろぎの時間。
21.22.みんなでビーチに出て、ファイヤーピットでスイーツバーベキュー。23.クライマックスはやはりファーストダンス。夜も更け、4時間にわたるパーティもお開き間近です。24.どこにいても絵になる二人。ビーチサイドを散歩中のラブリーなショット

Chiaki and Jamaal

Happy Wedding Story 3

Mizuki and Hiroyuki

ハッピーな世界観がはじける、遊び心いっぱいのウェディング

「ハワイなんだから気軽におしゃれにハッピー感を出していこう！ でも日本人らしくきちんと感も大切に」と、プランニングをリードするHiroyukiさん。教会挙式はコンサバティブ＆シンプルに、一方レストランでのパーティは"カジュアル、ハッピー、無邪気"をコンセプトに設定。スタンダードにパステルカラーをちりばめつつも、おしゃれな二人の世界観を表現するよう会場をコーディネートしました。ゲストたちのカラフルな衣装と相まって、レストラン内は楽しくハッピーなカラーリングに。ドレスやスーツにも並々ならぬこだわりを持つ二人は、全身白の中にも個性を感じさせるのがとても上手。プロップや小物のスタイリングにも二人らしいセンスが光り、本当にフォトジェニック！

1.2.正統派の挙式スタイルから、一変してカジュアルなコーディネートに。ヘアスタイルや小物をいろいろ取り替えてのフォトツアーです。ハットやサンダルにもこだわって。3.スーツはもちろん♡柄のタイも新郎自ら用意。4.カメラの前でも自然な二人。5.ロゼットなど、トレンディなアイテムも積極的に取り入れて。6.レストランのテーブルはハッピーな色が満載！ 7.ゲスト席には、オアフ島のマップをモチーフにしたメニューカード、貝殻をあしらったシーティングカード、ミニギフトのソープをセッティング。8.大きなリボンをアクセントにした、思いきりスイートなウェディングケーキ。9.日差しあふれるパーティ会場の様子。10.リゾートらしく、二人とも白を基調にコーディネート。ロゼットも似合っていますね！

Mizuki and Hiroyuki

Happy Wedding Story 4

Reina and Taizo

豊かな自然の中で、のびのび&おおらかウェディング

初めはビーチフロントのホテルを希望していた二人。おおらかで自由、ゆったりした雰囲気が理想と聞いて、完全にアウトドアな場所でのウェディングを提案しました。選んだのはハワイ語で"天国と地球が出会う場所"と名づけられた海辺のガーデン。のびのびと大自然を満喫することをコンセプトに、テーマカラーもおのずとホワイト×グリーンのナチュラルカラーに決定。50名近いゲストとの挙式&パーティをプランニングしていくうえで、お互いの友人の協力も大きく、準備期間はとても充実したものに。「せっかく来てくれる大勢のゲストに、心から楽しんでもらいたい！」という二人の強い思いが叶い、笑いと涙にあふれた素敵なウェディングデーが実現しました。

Will you be my bridesmaid?
I can't say "I do" without you!

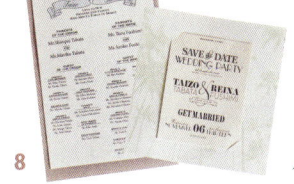

1. ヴェラ・ウォンのドレスをシンプルに着こなしたReinaさん。ブライズメイドは、アメリカから取り寄せたデザイン違いのドレスに、黒いウエストリボンで統一。**2.** ラフなアップヘアに、リーフのヘッドドレスをあしらって。**3.**「野原で摘んできたような花束」というリクエストに沿って、ナチュラルにまとめたブーケ。多種類の白い花にユーカリの葉を組み合わせて。ブライズメイドたちもおそろいのブーケです。**4.** こちらはブライズルーム。ブライズメイドたちとリラックスしてお支度中。**5.** ストーンが小粋なシューズはミュウミュウのもの。**6.7.** それぞれ自分でスタイリングした衣装。当日はお互いが見えないよう、別々の部屋でお支度しました。**8.** コンセプトを表現したペーパーアイテム。「Save the Date」カードは、会場にある椰子の木立をイメージさせるデザイン

Reina and Taizo

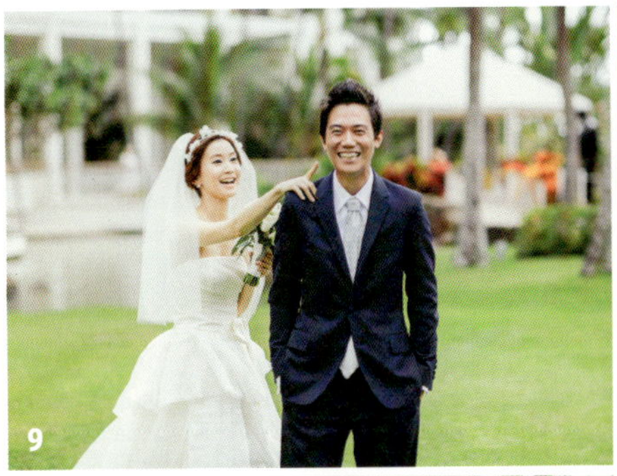
9

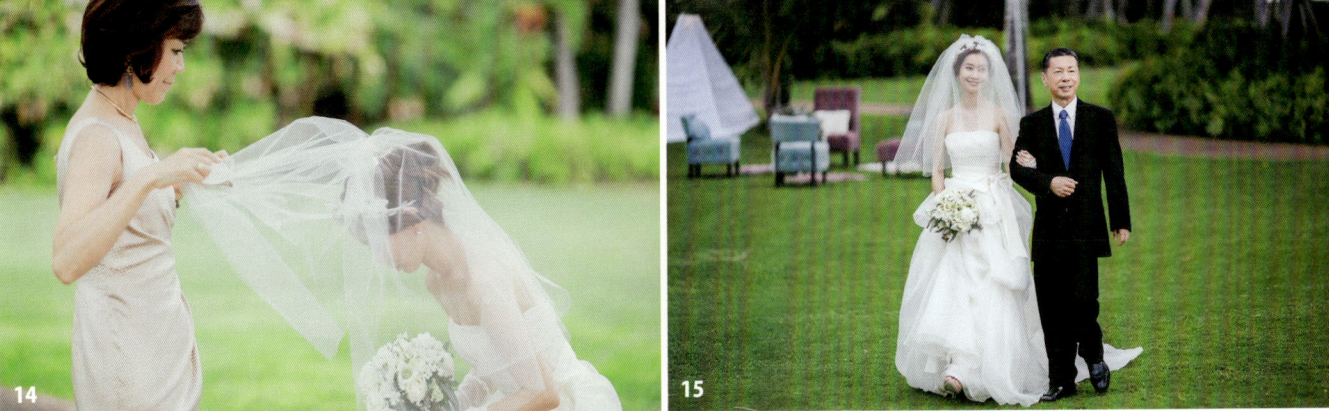

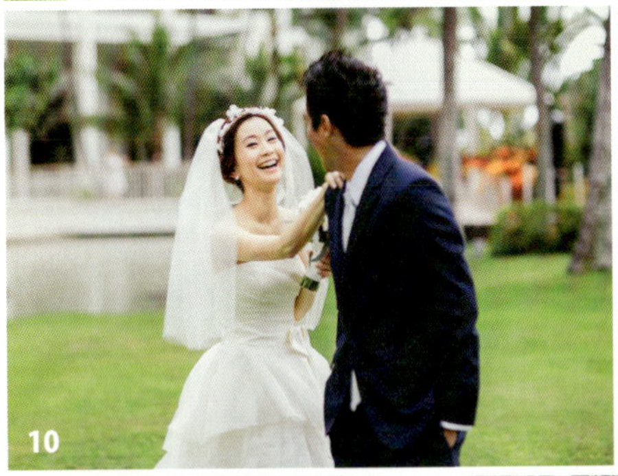
10

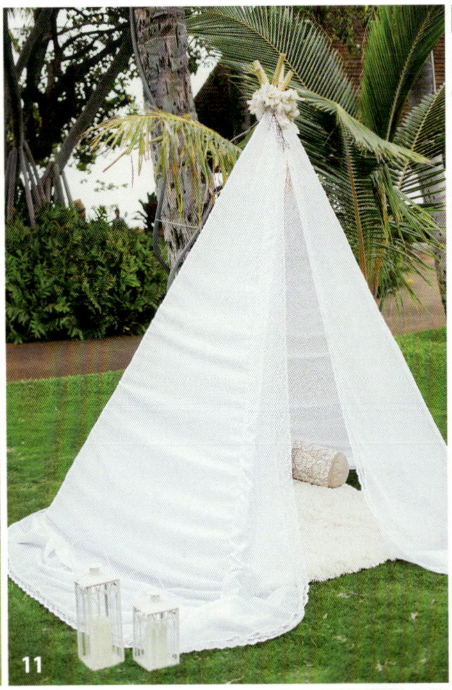
11

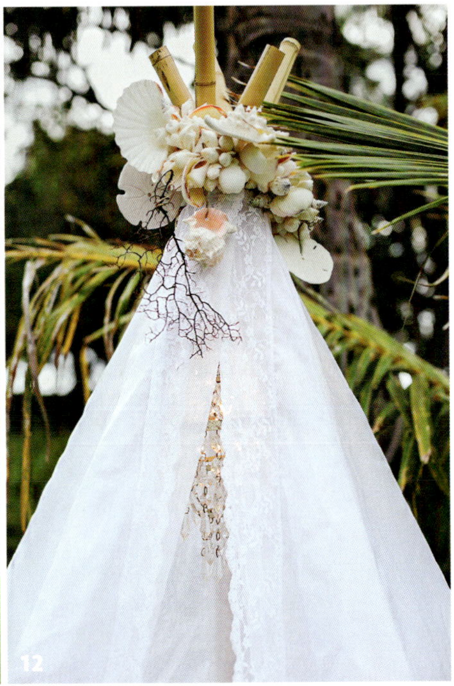
12

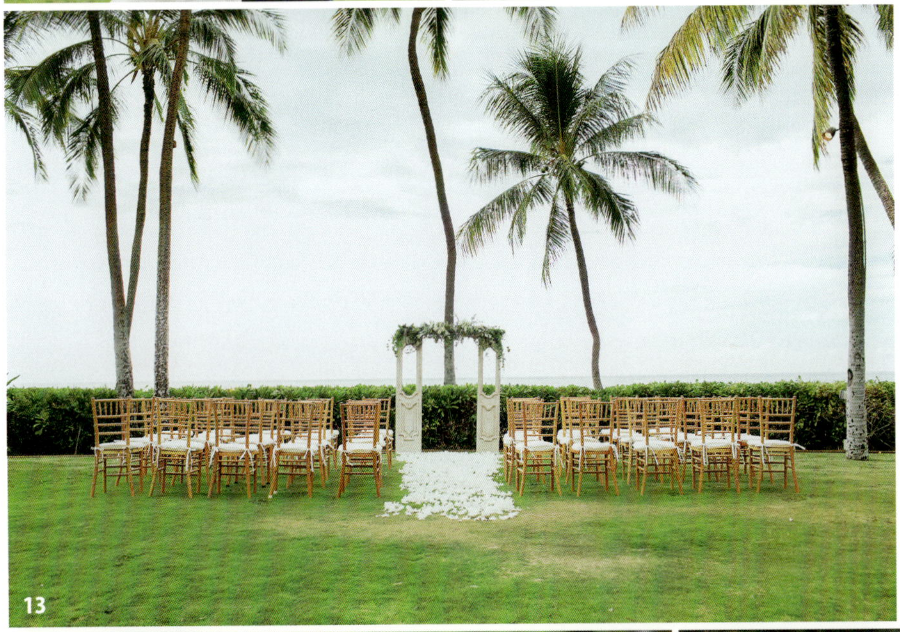
13

9.10.ドレスアップを終えた二人のファーストミートの瞬間。後ろ向きのTaizoさんに駆け寄るReinaさん！ 11.12.会場の片隅に作ったティーピー（P60参照）。オーガンジーにシェルの飾り、中にはシャンデリアも。13.何もないビーチサイドに立てたアンティークドアと、白い花びらのバージンロードをシンボルとして、セレモニーの会場に。14.挙式の直前、お母様にベールダウンしてもらう、心に染みる瞬間です。15.お父様と二人で歩いた入場シーン

14

15

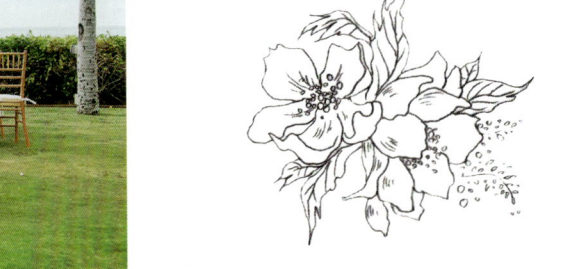

16.会場装花も、ブーケと同じくホワイト&グリーンでナチュラルに。セレモニーのアーバーも、枝などを使ってラフに飾りつけています。**17.**こちらはラウンジに見立てたくつろぎスペース。大人数のアウトドアウェディングならでは！ **18.19.20.**牧師によるセレモニー。大海原を目前に、文字通り開放的でおおらかな挙式でした。**21.**パーティの席次表と、アンティークな鍵モチーフのエスコートカード。ゲストは、革製のタグに記されたテーブルナンバーを探して着席します

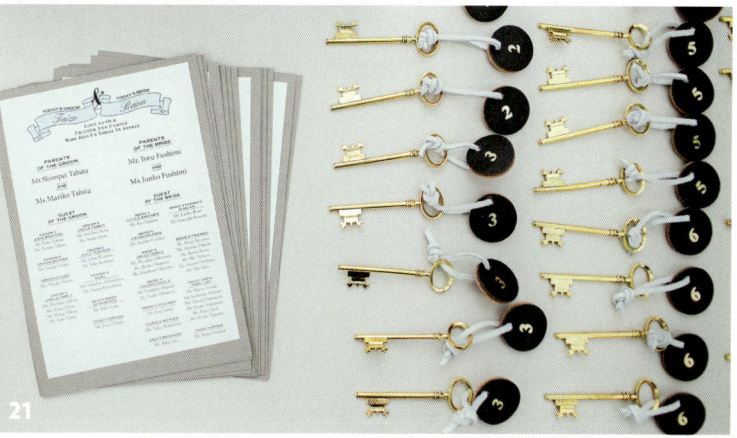

Reina and Taizo 19

22.パーティのテーブルセッティングは大きなテントの下に。**23.**ゲストが自由に取りやすいスイーツコーナー。ナッツやフルーツを並べ、花でコーディネート。**24.25.**テーブルのセンターピースは、ガラス瓶に麻布を組み合わせるなど自然なテイストで。**26.**広がる空、広く青い芝生、そして椰子の木立に映える真っ白なテント。**27.**ウェイターが運んでいるのは、ウェルカムドリンクでおもてなしするときのオードブル

28. 日が陰る頃、会場のあちこちにランタンが灯ります。ティーピーでくつろぐ二人。**29.** 会場はビーチとつながったロケーション。海に出ての撮影も思いのまま。**30.** パーティは、主役の二人によるウクレレの弾き語り、お母様へのバースデー祝い、本を出版した友人へのお祝い…など、二人からのおもてなしコーナーがたくさん詰まったプログラムでした。**31.** リラックスして心から楽しんでいる様子のゲストたち。**32.** 音響システムを入れ、ランタンの下にセッティングしたダンスフロア。ダンスタイムではみんな大はしゃぎ。**33.** 皆がうらやむほど仲のいい二人。ゲストと同じテーブルに着き、一緒に楽しんでいます

Reina and Taizo

Happy Wedding Story 5

Saeyoung and Jaewook

アイディア炸裂！ ヒッピーテイストのウェディング

学生をしていたSaeyoungさんと、社会人のJaewookさん。インターナショナルなゲストが集まるデスティネーションウェディングの地としてハワイを選びました。「人とは違ったことがしたい。音楽にこだわりたい」と希望する二人と企画したのが、ヒッピーテイストのウェディング。会場となるゲストハウスに下見に行った際、オーナーがヒッピーパーティのノウハウを持っていたので、ヒントをたくさんいただけたのもラッキーでした。会場の隅々にまでこだわったラブ＆ピースなデコレーション、60名近いゲストを飽きさせない趣向を凝らした音楽やプログラム…、そして二人のファッションセンスを生かした、誰にも真似できない、世界にひとつの結婚式が完成しました。

Here comes the bride

1.ウェディングドレス、ドレス小物は、かわいがってくれている方からのプレゼント。大輪の花のヘッドドレス、ソフトなイエローのブーケでコーディネート。2.3.4.5.会場のあちこちに'60〜'70年代風のヴィンテージアイテムを配して。6.アクセサリー、グローブやバッグ、シューズも、ヴィンテージテイストでそろえています。7.ドレスの雰囲気にマッチしたフラットシューズ。8.庭の片隅に、木々を利用してしつらえたスペースは、まるで隠れ家のようなデン（P61参照）。ラブ＆ピースな雰囲気を盛り上げる格好のシンボルになりました

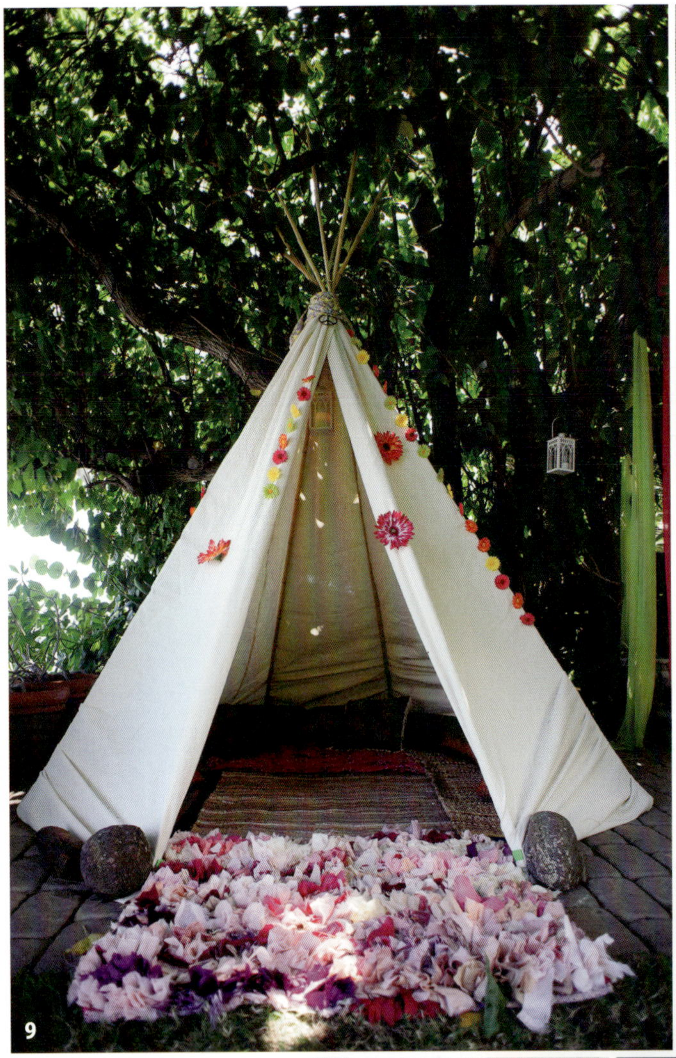

9

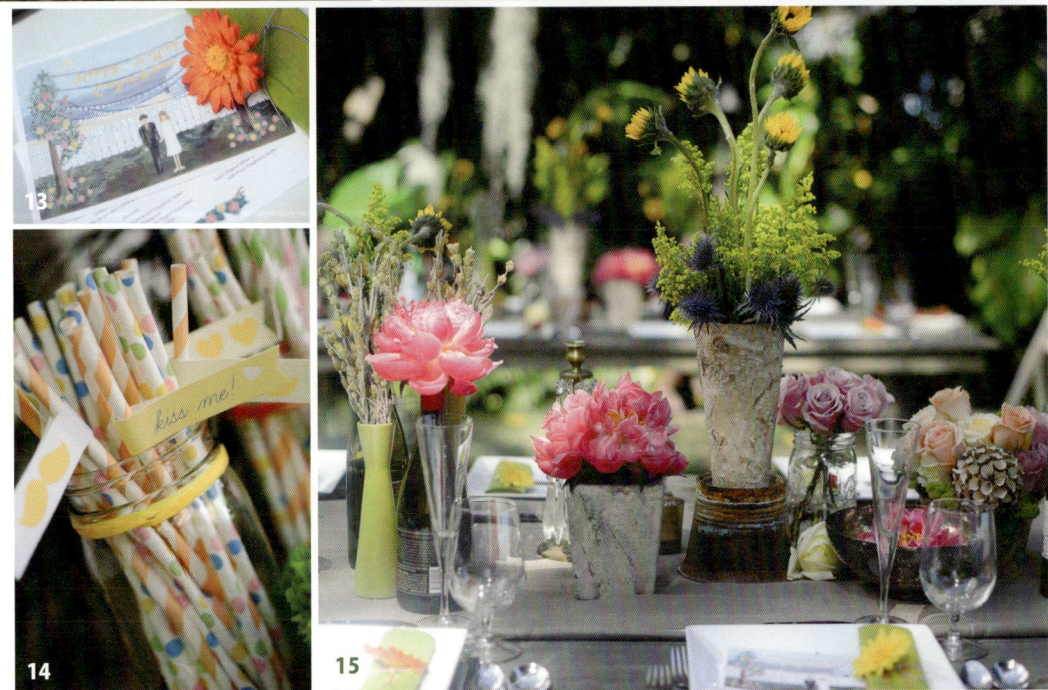

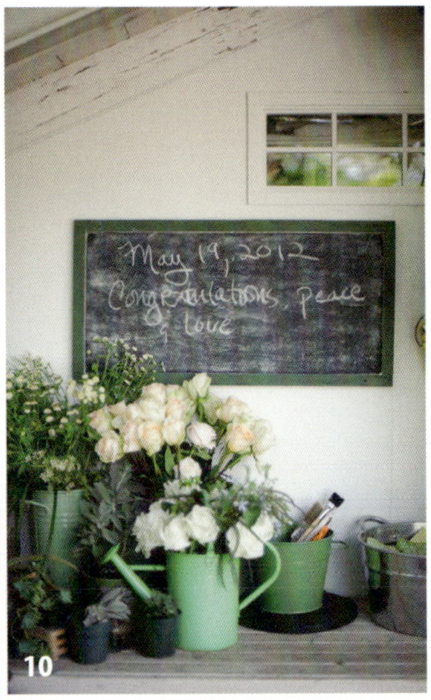

10

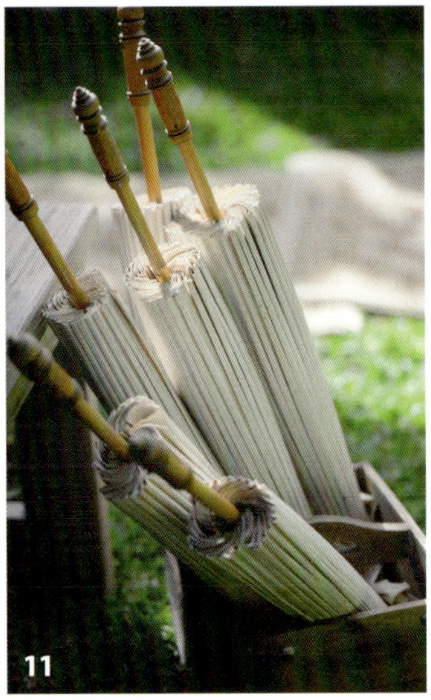

11

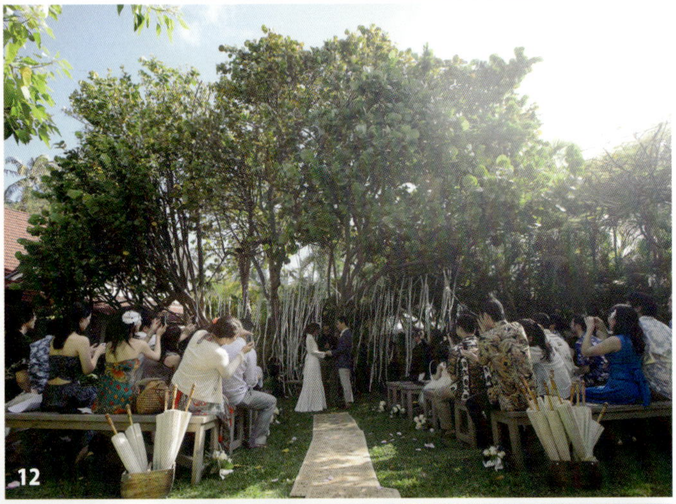

12

9.秘密基地のようなティーピー。ゲストには子どもが多かったので、うってつけの遊び場に。10.オーナーの愛がこもった手描きのボードもアットホームです。11.リゾートでは、デコレーションのアクセントにもなる日傘。12.セレモニーは庭の片隅にある大木を利用しました。木にリボンを垂らし、バージンロード風に布を敷き、ベンチを並べると…、それだけで立派な会場に。13.ペーパーアイテムは二人をイメージしたオリジナルのイラストがポイント。14.ストローなどの身近な小道具もどんどん利用し、カラフルなデコレーションに仕立てています。15.テーブルコーディネートは、多種多様の生花とナチュラルな素材を駆使。ビビッドな色使いでヒッピーなムードを盛り上げます。個性的で存在感もありながら、品のよいイメージに仕上げて

13

14

15

16.日が落ちてライトの明かりが灯る中、パーティがスタート。**17.**プログラムとお礼のメッセージが書かれたカードは、うちわ風にデザインして。**18.**凝りに凝ったエスコートカード。番号を書いたタイダイの布をボトルに詰めて作りました。**19.**ダンスタイムには、布とオイルランプを利用したスクリーンで、ヒッピーテイストの演出を。**20.**ウェディングケーキはクロカンブッシュです。フューシャピンクのバラをアクセントに。**21.**新郎自らリクエストしたバンドが生演奏。**22.**さらには新郎がギター演奏のサプライズ！ **23.**総勢60名が思いきり楽しんだパーティは夜更けまで続きました

Saeyoung and Jaewook 25

Happy Wedding Story 6

Mami and Yoshihiro

二人のストーリーを紡ぎ出すフォトウェディング

結婚式は終えたけれど、改めて素敵な写真を残したい…そんなリクエストをいただき、コーディネートしたフォトツアー。自然体の二人には、いかにもウェディング！ な写真よりオフショット的なスナップがふさわしいと考え、オアフ島のダウンタウンなど、カジュアルなロケーションを選びました。Mamiさんはヨーロピアンヴィンテージのウェディングドレスに身を包み、花嫁らしくブーケを持って。彼にはあえてカジュアルな洋服で来てもらいました。カフェで、公園で、道端で、フォトグラファーがナチュラルな笑顔をキャッチしていきます。すると、最初は少し緊張気味だったYoshihiroさんもリラックス。純粋に二人の時間を楽しんでいるように、表情がイキイキと輝き出しました。

1.ドレスは、アンティークのレースが優しいイメージ。2.ウェディングにとらわれず、Mamiさんらしさを引き出すナチュラルなヘアメイクに。3.マジックアイランドでのショット。4.ハワイらしい壁画アートの前で。5.イニシャル入りのマグカップで二人をシンボライズ。6.本来、男性がブーケを贈るのはプロポーズの意味ですよね！ 7.8.歩道を歩きながら元気な二人のキャラクターをパシャッ。9.幸せな時間を象徴する二人の手元とビールにズームイン！ 10.照れないで照れないで…。カフェでのひとコマ、二人の世界♥ 11.いちばんウェディングらしいのは、実はこんなショットかもしれません。12.映画のラストシーンみたいに、ダウンタウンを疾走する二人。本気でダッシュしています♪

Mami and Yoshihiro

For your own

結婚式は楽しくてシアワセで心が温かくなるもの。
忙しくても予算が少なくても、
センスに自信がなくたって、諦める必要はありません。
彼と二人がかりでも発想が生まれないなら、
私たちプランナーに声をかけてみてください。
さあ、あなたのおしゃれ心、動きませんか？

wedding style

本当に価値があるのは、その日その場にいるすべての人の心がポカポカになるようなウェディング。「わぁ、かわいい！」はもちろんだけれど「おいしい！」「楽しい！」「きれい！」「感動！」など、ゲストからのポジティブな言葉がたくさん聞けることが結婚式の醍醐味です。その日を祝うため、わざわざ集まってくれる大切な人たちの顔を一人一人思い浮かべたら、何を伝えたらいいか、何をしたら素敵かがきっとわかってきます。

For your own wedding style

Idea 1

Concept & Theme Color

「コンセプト」「テーマカラー」に二人の想いを乗せて

私たちらしい結婚式にしたい！　皆さん口をそろえてそう言います。
「らしさ」に差がつく秘訣はコンセプトを作ること、そしてテーマカラーを決めること。
これを最初に考えると、二人の結婚式像がぐっとイメージしやすくなります。

Concept Making

いちばん最初にしたいことは「コンセプトメイク」

二人のことを言葉に表してみる。するとどんなウェディングにしたいかが見えてきます。

まずは、二人のウェディングのコンセプトを決めましょう。コンセプト＝テーマと考えてOKです。いつか経験した文化祭などと同じ。目的やテーマを決めると中身が具体化しやすくなりますね。「海で出会ったから"海"がテーマ」「花が好きだから"ガーデン"」などストレートでもいいし、「家族への感謝」のように目に見えないことだっていいのです。少し難しいというカップルは、二人に関するヒントをたくさんプランナーに伝えて。プロがきっと上手に具体化してくれます。

コンセプトやテーマを決めるヒント

☐ 二人の共通の趣味や好きなことは？
☐ 二人が大切にしていること、したいことは？
☐ 二人の思い出の場所、思い出の物は？
☐ 二人が愛する人たちに伝えたいことは？
☐ 二人が思い描く将来は？

1

Music
音楽そのものをテーマに

音楽がない結婚式はありません。音楽そのものをテーマにしてもいいと思います。「ウクレレ＆ハワイ」「二人の思い出、ジャズ」「ピアノがつないでくれた愛」「'70年代ミュージック」…ほら、音楽はテーマになりやすいでしょう？ しかも音符や譜面、楽器など、音楽にはシンボリックなものが多いので、装飾にも取り入れやすいですね。

1.ジャズをテーマにした二人のペーパーアイテム。蓄音機のイラストを多用しました。 2.こちらはピアノがテーマの結婚式。ウェディングケーキが大評判に！

Trip
旅はまさにテーマ向き！

結婚は「旅立ち」や「船出」を連想させます。そういったポジティブなコンセプトもいいし、「旅」そのものをパーティのテーマにするのも手。遠距離恋愛の二人なら、その間の思い出をウェディングに託して。また、実際に旅行好きのカップルなら、二人で行った場所をテーマにしてもストーリーが広がります。

1. 世界中からゲストが集まる国際結婚のカップルは、ずばり「旅行」がテーマでした。インビテーションカードは、ボーディングパスをモチーフにデザイン。 **2.** シンガポールと日本で遠距離恋愛をしていた二人のウェディングのコンセプトも「旅」。スーツケースを積み上げたユニークなウェディングケーキを用意

Marine
マリンをテーマにするなら…

海にまつわるテーマ「マリン」「トロピカル」などはとても好まれます。海、ブルー、貝殻や砂、ヨット…とイメージがふくらみ、さまざまなアイテムにテーマ性を取り入れやすい反面、ともすると会場装飾などは野暮ったくなりがちです。そこはプランナーの腕の見せどころ。スマートにセンスよく見せるプロのワザを借りましょう。

1.「海へのオマージュ」がテーマだったカップルは、プチギフトにマリンなキャンドルホルダーをチョイス。 **2.** エスコートカードには本物のヒトデを使用

Initial
イニシャルは「二人」のシンボルそのもの

二人のウェディングだから「二人の個性」がテーマであるというのも不動の考え方。イニシャルからオリジナルのロゴを作って、全面的に使うのもおしゃれです。人気のアルファベットのプロップを、会場デコレーションや写真に取り入れて。

1. ワイヤーのアルファベットでイメージフォトを撮影したカップル。 **2.** プロップでパーソナリティを演出

Concept & Theme Color

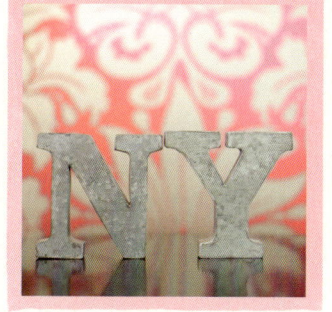

Theme Color

テーマカラーは何色にする？

センスよく見せる最大のポイントは
やっぱりカラーコーディネート！

挙式やパーティの会場をイメージしてみてください。カラーコーディネートされた空間は、ダンゼンおしゃれ。二人のウェディングのテーマカラーを決めると、そこから一気にアイディアが広がります。テーマカラーにタブーはありません。1色である必要もありません。メインの色を決めたら、組み合わせる色を何色かに絞りましょう。そのカラーパレットを具体的なアイテムに落とし込んでいくのは、実はプランナーにとってもいちばん楽しい作業。ワクワクしてきませんか？

Concept & Theme Color 35

Pink

ピンク×水色でガーリーに

ライトピンクと涼しげなブルーの組み合わせで、優しいイメージに仕上げたカップル。大人っぽくもまとめやすいカラーパレットです。

Color Palette

このときの花嫁はスイートな雰囲気を好まれていました。カラーパレットはピンクをメインにしつつも水色を多用して、爽やかなパステル調に。トータルではピンクの濃淡×ブルーの濃淡という感じ。ブライズメイドのドレスもモーヴに近いピンクで上品な印象にまとまっています。

Idea 1

Rose

シックなローズピンクも人気色

落ち着いたローズピンクがメイン。このウェディングではヴィンテージな雰囲気を表現したくて、ラベンダーやゴールドを組み合わせました。

Color Palette　ラグジュアリーな邸宅を借り切ってのウェディングだったので、華美になりすぎないよう、あえてヴィンテージ調のカラーパレットに。ローズをキーカラーに、ラベンダーを組み合わせ、渋めのゴールドや深いグリーンをポイント使いしています。多色使いだけれども、シックな印象

Concept & Theme Color　37

Blue

ブルーの濃淡は究極の爽やかさ

「サムシングブルー」にあやかって、ピンクの次に人気のブルー。水色の花は種類が多くないので、クールな表現は他のアイテムを利用して。

Color Palette

少しずつ色味が違うブルーのグラデーション。パステルブルーは、白とのコントラストが強すぎると子どもっぽいイメージになることもあるので、慎重に組み合わせて

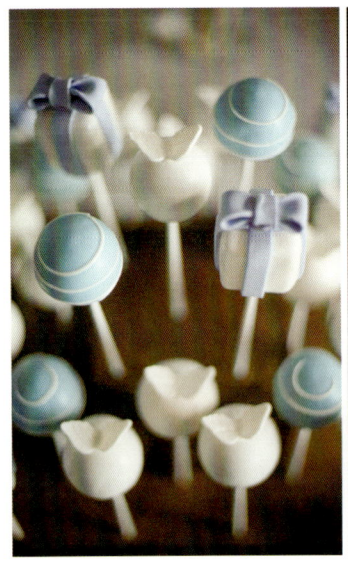

Yellow

ハッピー感を出すならイエロー

もともと自然の中にある色なので、緑の多いロケーションにも映えるイエロー。組み合わせる色次第で、イメージが変わるのも楽しい！

Color Palette

グリーンやブラウンなど、ナチュラルカラーでまとめた例。誰にでも好まれやすいカラーパレットです。好感度も高いので、あらゆるところにイエローを取り入れることができます

Lavender

センスよく見せたいラベンダー

ハマれば、とても上品にまとまるのがラベンダー。ごちゃごちゃと色を使わないほうが無難ですが、意外なものに取り入れるとおしゃれ。

Color Palette

ラベンダーを基調に、白とグレーを組み合わせています。ラベンダー×白のテーブルコーディネートは好感度いっぱい。若々しくフレッシュにも、シックにもなれるカラーパレットです

Concept & Theme Color   39

Green

差し色で変わるグリーン

グリーンはナチュラルなのに、差し色によってずいぶん個性的に見える色。とっておきのおすすめはピンクを差し色にしたカラーパレット。

Color Palette

グリーンのグラデーションにグレイッシュなピンクをアクセントにしてセンスよく。光沢感がないほうが上品です。白やブラウンなどのベーシックカラーが入っても全然邪魔になりません。

Orange

ビビッドなオレンジでセンスアップ

人と違った雰囲気を出したいならオレンジを推薦！ 思いきってビビッドなオレンジを選んだほうが、一段とスタイリッシュに見えます。

Color Palette

オレンジ、イエロー、ブラウンと同系色の組み合わせです。ビタミンカラーにダークな色が入れば、ポップになりすぎることもありません。存在感のあるアイテムでデコレーションして。

Color Palette

色の組み合わせなんて無限大。少しの差で印象は大きく変わりますね。
個人的に好きな色の組み合わせ、センスよく見えるコンビネーションをご紹介します。

If you love...

Yellow × Gray

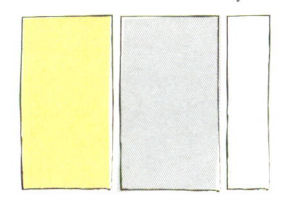

イエローで会場全体を明るくハッピーに、ライトグレーで大人っぽく締めて。オーガニックスタイルにもアレンジしやすいカラーコーディネートです

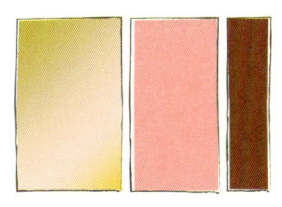

Gold × Pink

渋めのゴールドと、みんな大好きな定番ピンクの組み合わせ。ヴィンテージ感、大人の女性らしさ、エレガントさ、ラグジュアリー感を出したい人に

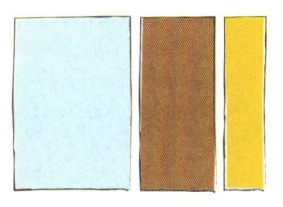

Blue × Brown

優しい空の色とナチュラルな樹の色。アースカラーは優しく馴染んで上品な温かさを演出してくれます。サムシングブルーの意味合いもバッチリ

Lavender × Pink

ラベンダーに愛らしいパステルピンクを組み合わせることで、女性らしい穏やかなテイストを演出。フェミニンな雰囲気が好きな人におすすめです

Pink × Green

ポップにカラフルさをイメージするならピンク×アップルグリーンの組み合わせがおしゃれ。パステル調でも会場がパッと明るくなりますね

Magenta × Blue

ビビッドなマゼンタピンクと爽やかなブルーのコンビ。大人っぽく南国らしさを表現してくれます。トロピカルすぎずセンスよくアレンジできそう

Pink × Gray

淡いピンクに上品なグレーを合わせることで、シャビーで繊細な雰囲気がつくれます。白いレース素材の小物などとも相性がよく、洗練された印象に

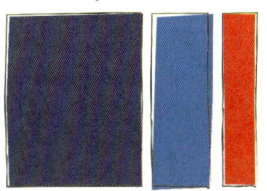

Navy × Blue

青系に赤を少し足すことで、マリンぽさが演出できるカラーパレット。「海=ブルー」のありがちなテーマカラーもスタイリッシュに変えられます

Pastel Pink × Blue

パステルテイストが好きな人におすすめのアレンジ。甘くスイートな雰囲気に包まれたウェディングが完成します。ブルーの量がやや多めのほうが素敵

Concept & Theme Color

My Wedding ── 始まりはこのときでした

　その年、私はハワイに暮らす彼との結婚が決まり、ウェディングの準備に慌ただしくしていました。長く勤めたレコード会社を退職したばかりの私にとって、結婚式の準備というイベントは意外にも高い壁。しかも、日本にいながらハワイウェディングの準備をしようというのです。知識がないばかりか思い描くイメージもなく、何から始めたらいいのかわからず途方に暮れるばかり。

　何軒かのウェディングプロデュース会社に足を運んではみたものの、どこも機械的にパッケージ化されたウェディングばかり。日本からハワイへ嫁いでいく私の事情をくんで、一からプランニングしてくれるところには出会えそうになく、戸惑いに包まれるばかりでした。

　もともとアグレッシブな性格だったこともあり、日本での結婚準備には見切りをつけ「まず、ハワイに行き、自力で調べてみよう！」と急に思い立ちました。時間は持て余すほどあったので、教会という教会へ足を運び、実際の式にも参列しました。ハワイのスタイルがようやくわかってきたころ、具体的な手配がスタートします。

　友人に助けてもらいながらケーキ、装花、お料理などひとつひとつ組み立てていきます。招待状やメニューカードも自由にセレクト。ギフトは地元アーティストの自宅に押しかけ、ひとつずつ手作りで仕上げました。それらに対し、制約は何もありません。自分で好きなように選んだり作っていけることが新鮮でした。そして何より、その準備自体がとても楽しかったのです。さらにダンスのお披露目のためにフラダンスを習い、両親への贈り物のため、フェザーレイ教室にも通いました。

　そういった準備のすべてが驚きと感動の連続。やってみたかったこと、ゲストに対してしてあげたいことが具体化していき、さらに広がっていくその世界観に、どれほどのワクワクがあふれていたか計り知れません。

　ハワイに住んでから離れて暮らしていた私の両親。日本から駆けつけてくれる親友たち。新しく家族となる彼の家族。そしてハワイで知り合った多くの仲間たち。みんな違った場所から違った思いで、私たちの結婚式に参列してくれる。そのすべての人たちを思う存分おもてなししたい！　その気持ちだけで突っ走った準備期間でした。

　そして翌年の2002年2月。自分なりのわがままをたくさん叶える日がやってきました。緊張で膝がガクガク震えながらも、必死に踊ったフラダンス。大好きなみんなが一生懸命拍手をしてくれ、ハグをし合い、ハッピーな涙を流し合った、あの日のことは忘れられません。

　今振り返れば、センスも工夫もアイディアにも乏しいウェディング。プランナーのデビュー作としては、決して自慢できるようなものじゃなかったけれど、私にとっては宝石以上にキラキラした宝物。あのときこそが、ウェディングプランナーとしての私の旅の始まりでした。

From Naoko

For your own wedding style

Idea 2

Location & Program

「どんな場所で何をする？」まずはそこから

ゲストの人数やウェディングのコンセプトなどについて十分相談し合ったら、
今度はより具体的に、会場ロケーションやウェディングの中身について検討していきましょう。
欧米の習慣を参考にすると「これやりたい！」が見つかって、イメージがクリアになってきます。

挙式とパーティ、同時進行で構想を練ると
ロケーション選びはスムーズ

和婚の場合を除き、ロケーションはウェディングプランナーに相談するのが一番。
二人が思い描くウェディングによって、アドバイスや場所の提案はとても大きく変わります。

Church

教会挙式＋パーティ会場への移動も計算

キリスト教信者でない二人が教会挙式を望むならプロテスタント教会か、「結婚式場」としてつくられたチャペル。教会は、式場と違ってずっと長く残っているもの。何十年たっても、いつでも訪れることができたり、「子どもや孫も同じ教会で式を…」という夢も持てます。教会挙式の後、パーティ会場へ移動することになりますが、レストラン、ホテル、邸宅など、どこで行うにしても、移動距離や手段が大きなポイントに。その点プランナーに相談するとスムーズです。

House

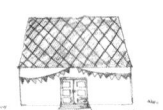

邸宅ウェディングは挙式＋パーティが醍醐味

日本のハウスウェディングは、結婚式用につくられた"会場"としての邸宅やゲストハウスがほとんどですが、ハワイに関して言えば、一軒家のゲストハウスや邸宅を借りる"本物の"ハウスを使います。オーナーが住んでいることが多く、手入れも行き届いていて、自分たちの家にゲストをお招きするイメージ。オーナーが温かく迎えてくれ、子どもや年配のゲストも、リラックスしてくつろげます。大抵は一日丸々借り、広い庭の飾りつけや音響にもこだわれるので、挙式からパーティまでを行えるのが醍醐味。

Hotel

ホスピタリティが魅力のホテルウェディング

親族が多い、フォーマルな結婚式にしたい、などスマートなサービスと安心感を望むカップルには、ホテルがおすすめ。海外リゾートのホテルは開放的で、ガーデンセレモニーやビーチサイドセレモニーなどもできるうえ、ホスピタリティにも満足。日本国内にもさまざまなホテルがありますが、ホテルによってサービスや自由度が異なるので、自分のスタイルに合った場所を選んで。また、併設されたチャペルや神殿での挙式は、移動もなく、年配のゲストにも喜ばれます。

Outdoor

プランナーがいれば自由な場所を選んでOK

のびやかなウェディングを夢見るカップルなら、型にはまらないアウトドアな場所がおすすめ。ハワイを例に挙げると、結婚式ができるように整備されていない場所も、プランナーの腕次第では素敵な会場に。ビーチや森、ゴルフ場、牧場など自然の中でのウェディングは、一からオーダーメイドでつくり上げる分、まさに非日常の世界、唯一無二のものになります。日本国内でも、大自然を満喫できる場所が意外に多くあります。その風景にピンと来たら、諦めず、プランナーに相談してみましょう。

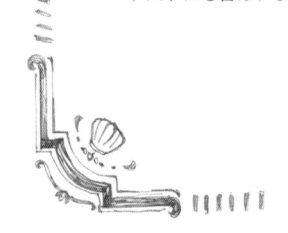

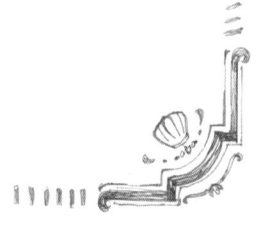

Location & Program

ハッピーがぐっと近づいてきそう！
欧米スタイルのハートウォーミングな習慣

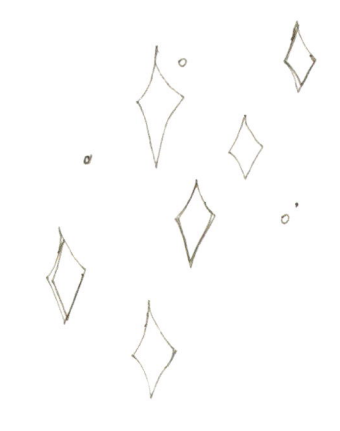

1 ブライズメイドやグルームズマン、友人たちをお世話係に！
「ブライダルパーティ」

この「ブライダルパーティ（ウェディングパーティとも言う）」は、スタッフたちの総称のこと（詳しくはP100参照）。最近日本でもメジャーになってきたブライズメイド（新婦のお世話係）、新郎側のグルームズマン、加えて結婚指輪を運ぶリングベアラー、花びらを撒くフラワーガールなどを含むチームのことを差します。教会内でズラリと並んだところは壮観。大きな結婚式では総勢20名なんてことも！　欧米ではお世話係は当日だけのものでなく、結婚準備を一緒にお手伝いする大切な役割がありますが、日本人ならそこまで厳密でなくても大丈夫。手伝ってもらえそうなことだけ依頼し、当日はおそろいの衣装に身を包んで華を添えてもらいましょう！

2 ヨーロッパに伝わる幸せのおまじない♪
「サムシングフォー」

結婚式当日、花嫁がサムシングフォー（4つの何か）を身につけると幸福になれるというおまじないです。一度は耳にしたことがあるのでは？　1.サムシングオールド（何か古いもの）／祖先から伝わるものが一般的。祖母からもらったジュエリーなど。2.サムシングニュー（何か新しいもの）／新品のものならなんでも。3.サムシングボロー（何か借りたもの）／幸せな結婚生活を送っている人から借りたもの。4.サムシングブルー（何か青いもの）／ブルーのものであればOKですが、人目につかないように身につけるのがいいとされ、ヨーロッパでは青いリボンのついたガーターベルトをつけることが多いよう。なんだかすぐに取り入れられそうでしょ？

ウェディングドレスは当然ながら、
教会挙式もブライダルパーティももとは欧米のもの。
国内ではまだ馴染みのない、素敵な習慣もいろいろあります。
内容を理解して取り入れたら、きっとハートに響く、夢のある演出になりますね。

Wishing you both all the best on this Special Day
May it be a Wonderful and Memorable One.
All the best. CONGRATS!

good luck with today's
ceremony and all the
best for the
future...

3 どんなドレスを着るかは当日まで内緒！
「ファーストミート」

映画などで、教会に入場する花嫁を初めて目にして花婿が感動するシーンがありますが、あれがファーストミート。当日、初めてお互いのドレスアップした姿を見せ合うことです。前撮りやリハーサルなど段取りが多い日本ではなかなか難しいけれど、ロマンチック派ならぜひやってみたいプログラム。挙式では無理でも、教会のエントランスなど待ち合わせ場所を決めて落ち合うのがベター。彼は後ろ向きで立ち、声を掛けるか肩をたたくなどして振り返ってもらいましょう。成功する秘訣は、何よりドレス選びは彼と一緒に行かず、試着した写真なども見せないこと。当日の支度も別々の部屋でできるように手配しておくといいでしょう。

4 ケーキカット同様に夫婦初めての共同作業
「ファーストダンス」

欧米では、結婚式での伝統的なセレモニー「ファーストダンス（初めてのダンス）」。ゲスト全員が見守る中、初の共同作業＝ダンスをします。次に、花婿は花嫁の父に近寄って「踊ってあげて」と促します。花嫁は自分の父親とお別れの意味を込めて「ラストダンス」を。彼も自分の母親と、次いで相手の父親、母親とも踊るというのが欧米の習慣です。その後、ゲストも交じってノリノリのダンスタイムへ。ダンスなんて照れくさい、踊れない…と思うかもしれませんが、夫婦で、親子で踊ったことは一生の思い出になるに違いありません。上手に踊る必要はありません。手をつないで体を揺らすだけでもＯＫ。曲も、二人が好きな曲を選んでいいのです。

Location & Program

ゲストを退屈させない、参加型のパーティ演出

パーティでゲストはただ座っているだけ、なんていうのは古い日本のスタイル。
一緒に楽しんでもらうため、「参加している」感のあるプログラムや演出をしてみましょう。

DRESS CODE
［ドレスコード］

パーティにドレスコードを設けましょう。といっても格式張ったものでなく、楽しい規則を。テーマカラーに合わせて「何かブルーのものを身につけてきてください」「必ずどこかに、赤い色を取り入れた服装でお越しください」など、招待状でお知らせを。

ドレスコードをピンクにしたカップルの招待状。紙を切り抜いた女の子はブライズメイドたち。ピンクのドレスを着せて名前が書かれています。視覚的にもわかりやすいアイディア！

ESCORT CARD
［エスコートカード］

海外では一般的なエスコートカード。ゲストはパーティの受付で自分の名前とテーブル名が書かれたカードを探し、それを持って席に移動します。ディスプレイやカードの形にもこだわると、ゲーム感覚で自分の席を探すのが楽しくなります。

真ん丸がかわいいクラスペディアの花にエスコートカードをつけて。長い茎のまま持っているところがユニークで、格好の記念写真に。エスコートカードには、実際に使えるちょっとしたギフトをつけても喜んでもらえそう

WISH TREE
［ウィッシュツリー］

カップルの幸せを願って書いたメッセージカードを、大きな木に掲げるウィッシュツリー。インスタントカメラで撮った写真にメッセージをもらう演出は人気ですが、ウィッシュツリーに仕立てると新鮮。

パーティの受付で、ゲストを撮影。メッセージを書いたら、思い思いに木につけていきます。カードをたくさんつけて絵になりそうな、鉢植えの木を探すのがポイント

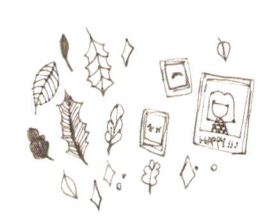

FINGERPRINTS TREE
［フィンガープリントツリー］

木の枝だけが描かれた台紙を用意し、ゲストに葉っぱに見立てて指でスタンプを押してもらい、一本の木の絵を完成させるのがこれ。海外ではゲストブックの代わりや人前式の結婚証明書の代用に。結婚後は額に入れて飾りましょう。

木の枝の絵は自分たちで描いてもいいし、ペーパーアイテムと一緒にオーダーしてもOK。海外のサイトでは、タイプもさまざまに、通販にも多く見られます。スタンプのほかにペンも用意して、名前やメッセージを書いてもらいましょう

FLOWER & CANDY BUFFET
［フラワー&キャンディビュッフェ］

色とりどりの花のフラワービュッフェ。ゲストが自由に束ねて、お気に入りのブーケを作りましょう。カラフルなお菓子を並べたビュッフェは、いつでも手を伸ばしやすい工夫を。

上：フラワービュッフェには、ハサミやかわいいテープを用意して。下：スイーツコーナーはゲストを動かし、集めてくれるのもメリット。あえて、会場の片隅や離れたところに設置したい

GUEST ACCESSORIES
［ゲストアクセサリー］

みんなで一緒に身につけられる物を用意するのもいいアイディア。くだけたパーティならキャップやサングラス。ウェディングらしいブローチ、男性のタイ。写真に残るとよりいっそう楽しい思い出に。

上：サングラスや変装マスクをつけて全員集合！　お開きが近いと盛り上がりそう。よく見ると男性は色違いの蝶タイをしています。下：女性ゲストは花冠をおそろいで。小ぶりで細いデザインなら誰にもぴったり

Location & Program

ハワイウェディングの本当の魅力

　太平洋の真ん中にポツンと浮かぶ小さな島々ハワイ。ここに長く深く関わることになるとは、最初は予想もしていませんでした。旅行先のハワイで、現地で働いていた日本人男性と知り合い、交際。そしてプロポーズ。トントン拍子の展開で入籍、ハワイへの移住、結婚式と、とても短い期間でハワイが第2の故郷になりました。現在はハワイを行ったり来たり。仕事での往復は日程的にタイトなことが多いのですが、どんなに多忙でも短い滞在でも、ハワイの空気は私にエネルギーをくれます。もっと言えば、ハワイでの素敵なウェディングが私を元気にしてくれるのです。

　ハワイに限らず、リラックスムードの南の島でのウェディングには、特徴的なメリットがあります。これから親戚づき合いが始まるファミリー同士の交流が深まり、両家の距離が急速に近くなること。これを一番のメリットに挙げる人がどれほど多いことでしょう。さらに、ハワイウェディングにはほかの島にはない魅力があります。それは美しい自然を満喫できるウェディングロケーション。一年を通して過ごしやすい気候もそれを後押しします。教会の周囲もビーチも、街の中や公園なども、いたるところがフォトジェニックで、ロケ撮影がしやすく、素敵な写真が残せるのも長所です。そして"アロハ・スピリッツ"という言葉があるように、フレンドリーで愛と寛容の精神あふれる人々の心の在り方に癒やされます。その証拠に、多くの人は、ハワイを訪れたことのあるなしに関わらず、ハワイアンミュージックを耳にするだけで、頬がゆるむのではないでしょうか。

　こんなふうに、訪れる人々を笑顔にしてくれるハワイですが、私が思うウェディングの最強の魅力は、自由度が高いこと。例えば、挙式は教会に限らず、ビーチや公園、牧場、ゴルフ場、ガーデン、家など、好きなところが選べます。二人が思いをこめられる場所…そこが愛を誓う舞台になるのです。素敵でしょう？

　特に私が気に入っているのはアウトドアのウェディング。天候の心配がつきもので、敬遠されがちな屋外ですが、これほど贅沢で夢のあるウェディングはありません。紺碧の海やドラマチックなサンセット、はたまた緑あふれる風景をバックにしたセレモニーは、まるで美しい映画のワンシーン。式そのものはおごそかに執り行われますが、終わったあとは皆、パーティモード全開！　レセプションやディナーパーティで型にはまった挨拶なんかいらないと、ハワイの空気が感じさせるのです。

　決められた堅苦しいマナーやマニュアルもない。愛にあふれ、自由な空気に同調できるのがハワイのウェディングです。その魅力にハートをつかまれてしまった私。国内でもその場所のムードを生かした心に残るウェディングをプロデュースしたい…そんな思いから、国内のプランニングもスタートしています。

From Naoko

For your own wedding style

Idea 3

Decoration

二人の世界観を印象づける会場デコレーション

アウトドアはもちろん、装飾が自由にできる邸宅やガーデンなどは、そのロケーションを味方につけて。
プランナーとともに想像力を働かせ、二人の個性を感じさせる空間を目指しましょう。
会場装飾は生花も重要な要素なので、フローリストも一緒にプランニングに参加してもらうのがベスト。

WHITE & SIMPLE

背景が雄大な自然なら、飾りつけは引き算の美学で。
白いアーバーと椅子があれば、もうれっきとしたセレモニーの会場

牧場やゴルフ場、ワイナリーなど、大自然の中でのウェディングはかけがえのないもの。雄大なパノラマはそれだけで感動的。飾りつけはシンプルが一番です。視界を遮らないよう、アーバー（誓いを立てる東屋のようなもの）はあえて柱だけに。白いオーガンジーとシャンデリアを飾り、白い椅子を並べましょう。こんなデコレーションこそ、ネイチャーウェディングの理想形です。

1.牧場を見渡す壮大なロケーションでの挙式。2.ウェディングらしさを印象づけてくれるのはシャンデリア。3.カジュアルな椅子に小枝と葉っぱで作ったリースを飾り、白いランタンをアクセントに。4.牧場なら、ブーツを履いたっておしゃれ。5.自然や動物が好きな花嫁なら、ぜひアウトドアウェディングを実現して！

BABY'S BREATH HOUSE

**小さなウェディングが似合う
木洩れ日あふれるかすみ草の家**

少人数のガーデンウェディングなら、アットホームな演出が何より。こんなときは、より"お庭感"を出しましょう。日の差す時間と場所を計算してセレモニーの会場作り。アンティークのドアを立て、リボンを垂らしたら、かすみ草(ベイビーズ・ブレス)をふんだんに飾って。木陰のダイニングには大きなかすみ草ボールをハンギング。オーガニックなテーブルがお似合いです。

1.かすみ草ボールをシャンデリアのようにハンギング。2.アンティークの白いドア、素朴なベンチ、バックにはベージュの麻布リボンを垂らしてカーテン風に。3.ドアにはかすみ草のガーランドに白いバラをデコレーション。4.ベンチを並べ、花を飾れば、おのずとバージンロードが出現！ 5.ガラス瓶に麻布を巻き、あえてかすみ草だけのベンチフラワーに。テーブルまわりとともにオーガニックなテイストで

Idea 3

UNDER THE TREE

大きな大きな木の下で、あえて田舎らしさを演出。
おおらかさを感じつつエレガントな空間に

屋根に見立てた木の下がパーティ会場。長い間、人を見てきた大木に抱かれる安心感が、開放的なウェディングを叶えてくれます。吊るしたシャンデリア、素朴な麻素材のクロス、折りたたみ椅子に麻リボンのあしらい…、"飾りっ気のない田舎感"をイメージして空間づくりを。もちろん、テーブルの上もラスティックにコーディネートします。雨が降ったら景色が見えるクリアなテントを張りましょう。せっかくの大自然を満喫できるように…。

1.デザイン性を感じる巨木の枝ぶりのよさ。夕暮れ時、シャンデリアに明かりをつけるとさらに特別な空間に。2.こぢんまりまとめたテーブルですが、人数が多くても絵になります。3.4.フルーツどっさり、カントリーなテーブルセッティングを目指して。5.さまざまな花瓶やキャンドルスタンド、木の皮で作ったフラワーベースなど、無雑作感がおしゃれの秘密。計算していなさそうに見えるように、綿密に計算を

Decoration

ROMANTIC BEACH

黄昏時をロマンチックに彩る
ビーチサイドウェディング

見渡す限りのビーチに面した芝生のガーデン。60名のゲストが見守るセレモニーのために、流木のアーバーを豪華に飾りつけ、花びらでバージンロードを作りました。サンセットタイムからのパーティは、白い大きなテントの下、ジャズバンドの生演奏を入れたアメリカンスタイル。天井のペーパーランタンやテーブルのキャンドルの光が存分にお祭り気分を盛り上げ、あちこちに作ったラウンジスペースでは、シャンデリアの明かりがウルトラロマンチックに煌めき出します。時間を気にしないおおらかなパーティは、夜更けまで続いていました。

1.まさにオンザビーチなウェディング。パーティのテーブルは、ややカジュアルなイメージで花やキャンドルをデコレーションして。2.流木に花やグリーン、オーガンジーをたっぷりとあしらったゴージャスなアーバー。3.海風の吹く爽やかなセレモニースペースの完成です。4.大きなテントの下にパーティ会場をセッティング。エレガントかつ自由な雰囲気に。5.シャンデリアと座り心地のいい椅子で作るラウンジスペースを、あちらこちらに設置。6.芝生に出した大きなガラス窓に手描きして、ウェルカムボードの代わりに。7.テントの天井でムーディに煌めくのはペーパーランタン

Decoration 59

LET'S RELAX

**靴を脱いで座ればリラックス！ ゲスト同士の距離も縮まる！
"くつろぎスペース"を会場デコレーションのアクセントに**

セレモニーはおごそかに、静かなイメージで行われるのが自然。一方パーティは、どんなシチュエーションでも楽しく、両家が仲良くなるきっかけの場となってほしいもの。だから、大切にしたいのはくつろげる空間作り。靴を脱いで地面に座れる特別なスペースを象徴的に作ると、自然に人が集まってきてリラックスしてもらえるだけでなく、会場デコレーションのアクセントとしてもおしゃれに見えます。

TEE-PEE

ネイティブアメリカンのテント「ティーピー」をかわいくアレンジして

ネイティブアメリカンの住居「Tee-pee(ティーピー)」をかわいらしくアレンジしたテント。テーマに合わせ、布やレースで飾りましょう。特に子どもたちはこんな狭いスペースが大好き。盛り上がること請け合いです。

DEN

フェアリーテールのよう！
ファブリックを重ねて連ねて
大人の隠れ家を

「DEN（デン）」は隠れ家や巣の意味。庭の木々を利用したり、ポールを立て、色とりどりのファブリックで囲んだスペースです。写真は、パステルカラーがテーマのウェディングで、庭にボヘミアンスタイルのデンを作ったもの。星形のランタンやキラキラ光るクリスタルなどもあしらい、みんなでくつろぎ、心に残るシーンに。

GROUND LOUNGE

庭にもビーチにも！
テーブルとクッションで
オープンなラウンジを

場所がどこであれ、簡単に作れるのはラウンジ。P59の5のように椅子を置いてもいいけれど、ラグを敷いてテーブルとクッションを置き、センターピースを飾れば、よりくつろげる空間のでき上がりです。

Decoration 61

ONE POINT DECORATION

LETTERS

英字アイテムを取り入れて
ハッピーなムードをUP！

スイーツコーナーに並べた英字のアイシングクッキー（左）、芝生の上にメッセージを表したウッドブロック（右上）、人気のメッセージガーランド（右下）など、楽しい雰囲気づくりに役立つ英字アイテムはさまざま。

ANTIQUE ITEM

タイムレスなものこそスタイリッシュ！
アンティークグッズでさりげなくデコレーションを

現代的な会場の片隅に、ポンと飾っても絵になるのはアンティークなものたち。古くて味のあるものはいつ見ても新しく感じます。タイプライター、スーツケース、シガーボックス、絵本…気になったものを見つけたら、さりげなく置いてみるだけでOK。

置くだけ、吊るすだけ…簡単なのに二人らしい！
的を絞った装飾アイテムで要所要所にスパイスを利かせて

会場の隅々まで凝ったデコレーションはなかなか実現できなくても、ポイント的に目を引くデコレーションアイテムを配置すると、ぐっとおしゃれな印象になります。DIYやハンドメイドでできるものもあるので、会場の雰囲気に合わせてアイディアをひねってみて。必要なものが決まっていれば、得意な友人たちにお願いするのもいいですね！

HAND WRITING

手描きボードはそれだけで温かい雰囲気に

ひとつあるだけでセンスよく見える手描きボード。ウェルカムボードや案内板以外にも、メニューやプログラム、席次など、ボードにできるものは意外にあります。消せる白いペンならガラス窓に描くのもおしゃれ。

HANGING

「ハンギング」は会場装飾のキーワード

吊るすタイプの装飾は縦の空間を埋めることができるので、より華やかさがアップ！ 壁に掛けがちなフォトガーランドやフラッグガーランド（左）も吊るすほうが素敵です。

Decoration

ゲストを想う気持ち、感謝する気持ち

　ウェディングでいちばん大事にしていること。それは、おしゃれな日を過ごすことではありません。大切なのはずばり、ゲストを思いやる気持ち。感謝する気持ちです。その日の主役は二人ですが、パーティでは"ホスト"という側面も持っています。お招きするゲストも大切な主役。つねにその意識を持って準備を進めましょう。そう、おもてなしは準備の段階から始まっているのです。

　特に、ハワイウェディングのような海外挙式の場合、ゲストの皆さんは仕事の休みを取り、高額な旅費をかけてお祝いに駆けつけてくださいます。できるだけ長くゲストと一緒に過ごす時間を持てるよう、プランニングの段階から、プログラムを工夫するようにします。パーティの間、花嫁が何度もヘアメイクチェンジやドレスチェンジのために離席することを、失礼だと思う人がいることも覚えておきましょう。

　ゲストをお待たせしないこと、ほったらかしにしないことはとても重要。一人で参加しているゲストにとって、移動の待ち時間、始まるまでの長い長いウェイティングタイムなどはつまらないと感じてしまうかもしれません。リゾートでは当日のフォトツアーも普通ですが、ゲストを思えば避けたほうがよい場合もあります。凝った写真、スタイリッシュな写真を残すこともプライオリティが高いけれど、時間のかかるフォトツアーなら別の日に設定したほうがお二人もゆっくりできますね。前撮り・後撮りとして、新郎新婦だけで撮影することも視野に入れてみて。

　また、海外のリゾートウェディングに関して、交通費や宿泊費すべてをゲストが負担する場合、日本流のご祝儀は辞退することが一般的とされています。もちろん招待する前の段階で、何をどこまで誰が負担するのかも、明確にお話ししておく必要があります。招待する側の基本姿勢として、ゲストの送迎や移動スケジュールについては、細かく気を配るに越したことはありません。

　ウェディング当日以外の日の過ごし方についてもケアしてみては？　ゲスト用のオリジナル観光ツアーを準備するのもいいですね。例えば、ミニバスを1台借り切っての1日観光。顔ぶれによってコースや内容をアレンジします。そんなこともウェディングプランナーがいれば、まかせられるので安心です。ゲスト用の「旅のしおり」を製作するカップルもいます。観光名所やおすすめレストラン、旅行英会話などを盛り込み、眺めているだけでも楽しい小冊子だと好評です。ゲスト全員の顔写真やプロフィールが入っているとコミュニケーションも取りやすいと思います。

　一生に一度の晴れの舞台。やってみたいことや思い描く演出と、ゲストへのケア、そのバランスを取ることがポイントです。プランナーと相談しながら上手に流れをつくりましょう。

From Naoko

For your own wedding style

Idea 4

Sweets Buffet

スイーツビュッフェで、ロマンチックをひとふり

いまやウェディングでは定番のお菓子コーナー。キャンディビュッフェ、キャンディバーなどとも呼ばれます。
スイーツをかわいくディスプレイして、パーティの間中自由に取ってもらう楽しい演出。
好奇心をくすぐられたゲストが集まって、そこがコミュニケーションの場になったら大成功です！

テーマカラーも意識して
ポップでかわいいビジュアルに

チョコ、クッキー、マカロンにキャンディ…。
並べる器やデコレーションにも凝って

女の子たちが喜んでくれそうなカラフルなお菓子を集めたら、ビュッフェコーナーに仕立てるためのディスプレイも工夫しましょう。お皿や器、ボトルなども合わせてコーディネートします。もちろん、ウェディングのテーマカラーに合わせて♪

1. 同じキャンディも、容器をいろいろ違えるだけで賑やかに。2. アイシングクッキーは色も形も自由自在。3. 白いお菓子が欲しいときにはメレンゲクッキー。4. 文字入りのM&M'S、きっと話題になります。5. カラフルなM&M'Sははずせないアイテム。6. ♥のアイシングクッキー。自分で作るのも◎。7. リボンやタグをつけると、より華やか。8. グリーン×ラベンダーでまとめたコーナー。生花や器にもこだわって

ちょっとした工夫で楽しくなる！
カップケーキははずせないスイーツ

デコレーション次第でいろいろな魅力を発揮できる、ご存じカップケーキ！ 購入してもオーダーしてもいいけれど、ホームメイドでも工夫しやすいはず。フラッグを立てるなど、ペーパーアイテムを利用するとオリジナリティが出ます。

1. ピンクとグリーンのハート、手作りのフラッグでカラフルに。**2.** 白、ブルー、ゴールドと結婚式にふさわしい色使いで、よそゆき顔のカップケーキ。**3.** ラベンダーがテーマカラーのパーティで作ったもの

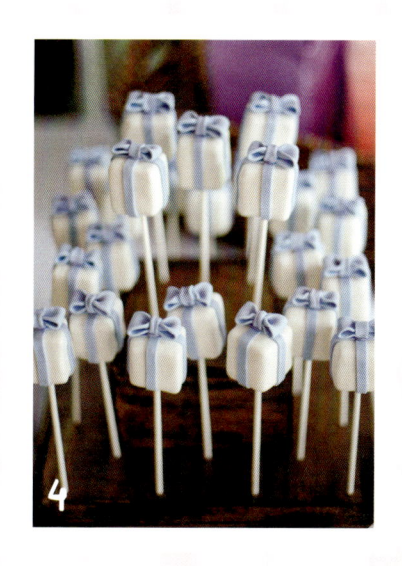

Love is sweet.
Take a treat!

イチ押しアイテムはケーキポップ！
かわいいうえに手に取りやすい優れもの

ケーキポップは棒を差したひと口サイズのケーキのこと。チョコまたはシュガーコーティングされ、アレンジもいろいろ。手に取りやすく食べやすいので、とても喜ばれます。

4. ギフトボックス型。棒を差すベースはシックな木でできています。**5.** 女子力高め、花モチーフの真ん丸なケーキポップ。**6.** ジンジャーマンと雪の結晶をモチーフに。これはクリスマスのウェディングでした

Sweets Buffet

ペールトーンでそろえた
ヴィンテージ感のあるコーナー

ゲストハウスウェディングでは、こんなヴィンテージのチェストを利用したコーナーはいかが？お菓子も器も色調をぐっと抑えると、涼しげなイメージでまとめた空間に仕上がります。

1. 窓に花柄のペーパーガーランドを掛けて、少し渋めのコーナーに華やかさを。中央に置いたのはレモネード。2. 大きなグラスにキャンディやチョコボールを。3. マカロンもあえて抑えた色。4. 白いジェリービーンズが手作りタグで温かい表情に

フードも雰囲気も甘さ控えめ。
スイーツだけに限らない
誰もが満足のデザートビュッフェ

Cheers to our sweet life!

**フレッシュなデザートやスナックも
ディスプレイで視線を集めたい！**

お酒を楽しむパーティでは、スイーツだけでなくチーズやフルーツをメインにしたコーナーを作ると喜ばれます。近寄って手を伸ばしたくなるような楽しいディスプレイを工夫してみましょう。

1. りんごのキャラメルがけに木の枝を差し、タグにはメッセージを託して。**2.** 手描きのラベルをつけたジュースサーバー。**3.** ハート形にくりぬいたいちごとすいかをスティックに！ **4.** ジュースのマドラーのてっぺんに、手作りタグで感謝の気持ちを。**5.** 小さなポップコーンマシーンがあると楽しい！ **6.** チーズだっておめかし。フラッグにチーズの種類を書いて差しました。**7.** ケーキのコーナーを、切り株や多肉植物でオーガニックな雰囲気に

Sweets Buffet

「素敵」を実現するのは、アイディアとセンス次第

　たくさんの予算をかければ当然、素敵なウェディングが実現するでしょう…というのは間違いです。少なくとも私はそう思います。だって予算が足りない場合は「素敵なウェディング」を諦めないといけないのでしょうか？いいえ、工夫次第でセンスのいいウェディングはちゃんと叶います。ウェディングプランナーはそういう相談に乗ってくれる、心強い味方だと思ってください、ぜひ。

　例えば、テーマカラーを花で表現しようとすると、たくさんの予算がかかってしまいます。カラーコーディネートをセンスよく、差し色を上手に使いながら全体に広がりを持たせていくと、意外な色の組み合わせが、思いがけないおしゃれ感を出してくれることがあります。当然ながら、見た目に値段が出やすい花や電飾の代わりに、リネン（テーブルクロスやナプキン）、椅子の色、食器の一部など、価格が見えにくいアイテムでかわいい色をプラスするのも私たちがよく使う手です。

　なかでも、ペーパーアイテムはいちばん頼れる優れもの！　使わない手はありません。メニューカードやネームカードなどは、どのような色にも自由自在にアレンジ可能。かわいいフォントやおしゃれなイラストを入れてデザインしましょう。そもそも"紙"なので、たくさん作っても材料費は限られています。マドラーやストロー、スイーツにもミニフラッグやタグなどをどんどん足しちゃいましょう。そこに結ぶリボンの色なども上手に生かすといいですね。私の場合はできるだけペーパアイテムを手作りして、予算を抑えながらかわいい会場アレンジを目指しています。メニューカードなどに入れる二人のオリジナルのロゴもお作りしてあげるようにしています。ちょっとした手間ですが、さりげないオリジナル感はゲストに好感を持たれること請け合い。決して高価な物じゃないけれどセンスをキラリと光らせることができる…それがペーパーアイテムの力。私は大好きです。

　何をやっても自由な会場では、家にあるものや手作りアイテムを持ち込んだり、大きな演出効果としてはBGMにも工夫を凝らしましょう。スライドショーやプロフィール映像なら、パソコンが得意な友人に頼んだり、二人が編集に関わったりして、どんどんオリジナリティを出せるものですね。

　セレモニーのデザインについては、教会だと自由に装飾できる場所は少ないのですが、邸宅や牧場、ガーデンなどでセレモニーを行うなら自由そのもの。選んだロケーションの強みを味方につけましょう。自然のままの何気ない木。その枝や幹、切り株も見逃さないで。ベンチ、ブリキのバケツやハンモック、用具置き場。そのすべてが装飾の一部になります。ちょっとした木製の案内板を出したり、木の幹に布をさらりと巻くだけでもかわいいセレモニー会場のでき上がり！　楽しみが広がりますね。「素敵＝高額な会場、高額な装飾」では決してありませんよ。小さな思いつきやユニークなアイディアから、「素敵」はどんどん生まれてきます。

From Naoko

For your own wedding style

Idea 5

Table Coordination

テーブルコーディネートは居心地のよさを大切に

ウェディングのおもてなしは、なんといってもおいしいお食事と楽しい時間。
丁寧に手をかけて装飾した居心地のいいテーブルは、心に残る時間をもたらしてくれることでしょう。
ゲストの笑顔の数が増えますように…そんな思いをこめて、コーディネートします。

Elegant

キャノピーが仕立ててくれるよそゆきの空間
テーマカラーのラベンダーを巧みに配置して、ナチュラル＆エレガントに

**ゲストの一体感を生み、風を感じさせ、
夜にはロマンチックを運んでくるファブリックの魔法**

ゲストハウスのウッドデッキに、キャノピー（天蓋）で覆うようにしつらえたディナースペース。居心地のいい会場を望んでいた二人のために、オープンエアでもゲストの一体感が生まれるような空間を目指しました。テーブルの上には、クリスタルやリボン、花のガーランドをたっぷりとハンギング。ベースの色がアイボリーなので、とても穏やかな印象に。琥珀色のグラスがいっそう温かい雰囲気を漂わせてくれます。パステルの花をセンターピースにしている分、トゥーマッチにならないようシックな椅子を合わせたのもポイント。日が落ち、キャンドルの明かりが灯れば、よりロマンチックな空間に。

1. オープンエアと屋内、両方の長所を併せ持つ空間。 2. 会場はゲストハウス「ザ・ベイヤー・エステート」。 3. カラフルなセンターピース、高さがまちまちなキャンドルを置いてリズミカルに。 4. お皿にぴったり収まる丸いメニューカード。ローズマリーをアクセントに。 5. 紅茶と茶こしのギフトもセッティング。 6. 古いフォークをモチーフにしたカード立てに、席札を。 7. ブライドとグルームの椅子をフラッグで飾りつけ。麻布が気取りのなさを表現して

Table Coordination 73

Innocent

レストランでもアットホーム感を演出
手作りアイテムや花嫁の私物を多用して、イノセントなムードづくり

**緊張感を生まない、肩肘張らないコーディネートを
サポートしてくれる、さりげない小物使い**

レトロでかわいらしいカフェレストランを会場に選んだカップル。あまり堅苦しくない、自然体のパーティにしたいという希望でした。カラーパレットはシャンパンカラーにピーチやアイボリーといったニュアンスカラー。コンサバティブになりやすい色調なので、くだけたアイテムを取り入れる作戦で。ゲスト同士、顔を見ながら話せるようにセンターピースは極力低めに、花嫁の私物などをあちらこちらに配して、アットホーム感を前面に押し出してみました。あえてカバーも掛けないシンプルな椅子を合わせ、こなれた感じもプラス。お金をかけすぎない、賢い花嫁と一緒に作り上げたコーディネートです。

1. 主役の二人が着くテーブルも、大げさすぎないフラワーアレンジメントに。 2. 新郎新婦の椅子には花とリボンをデコレーション。 3. 受付には、花嫁愛用の鏡に手描きしたウェルカムボード。 4. メッセージフォトをディスプレイ。これも花嫁が家から持参した木のフレームを利用しています。 5. テーブルに置いた鳥かごやその他のアクセサリーも、花嫁が家から運んだもの。 6. オアフ島のダウンタウンにある「カフェ ジュリア」にて。 7. ランタン仕様のキャンドルを、各テーブルに

Table Coordination

Rustic

素朴でちょっぴり田舎っぽいのが今どき！
どこか懐かしい、そこはかとないラスティックな世界観

アンティークの大きなテーブルを中心に
ドラマが生まれそうなガーデンウェディング

「ラスティック（陽気で飾らない、田舎風の雰囲気）」は、ここ数年の流行のテイストのひとつ。ひとつひとつは素朴で飾り気がないけれど、センスあふれるチャーミングな雰囲気を指します。ガーデンやアンティーク調のハウスでしやすいアレンジです。このときのウェディングでは、庭にある古い大きなテーブル自体がラスティック！これを生かしてテーブルクロスも掛けず、野草などをざっと飾ったラフな感じに仕上げました。その分、クリスタルガーランドのハンギングや、キャノピーは意外に大がかり。ガーデン全体がドラマの舞台のようです！

1. 古めかしいテーブルが圧倒的な存在感！　あえて椅子にカバーをかけてミスマッチ感を。2. 3. センターピースは野原で摘んだ草花を使ったような風情に。4. 麻のナプキンにガーデンローズをひもで縛ります。5. ダイニングを覆うようなキャノピー

小さなガーデンに繰り広げられるカントリーな世界。
アンティークな家具や小物でまとめて

古いダイニングテーブルに、1脚ずつ違うアンティークの椅子。食器もカトラリーも、レースのランナーさえもアンティークのものをそろえました。極め付きは、木の枝から吊るしたシャンデリア。もう錆びついたホワイトアイアンですが、花を飾ったらなんともかわいらしい表情に。主役の二人の椅子には、おばあちゃんがチクチクと縫ってくれたような刺繍入りのチェアカバー。テーマカラーはざっくりとイエロー&ブラウンといったところ。家族だけの小さなウェディングパーティにぴったりのセッティング。木漏れ日の差す庭の片隅に、ハートウォーミングな片田舎のストーリーを思い描きましょう。

1. 二人のチェアカバーだけはスペシャルな刺繍入り。**2.** 大小のお皿の間に、ブルーのレースを挟み込んだのがチャーミング。**3.** フラワーベースを葉で作りました。アレンジメントはちょっと大ざっぱなくらいがラスティック！ **4. 5.** いかにもおいしい料理が運ばれてきそうな、趣のあるテーブルセッティングの完成

Table Coordination　77

Organic

自然に寄り添い、エコを感じるコーディネート
オーガニックなエッセンスを取り入れた、すがすがしいテーブルの風景

ひとつひとつ大切に選び抜いた
環境に優しいナチュラル素材を使って

ゴージャスやラグジュアリーなウェディングとは、対極にあるようなオーガニックのイメージ。でも、オーガニックもまた最近人気のテイストです。ラスティックに比べると、さらにありのままのナチュラルなので、地味な印象になりすぎないよう、明るい色を1色、差し色にするのがコツ。このときのコーディネートは、ラベンダーとライトグリーンがメイン。リネンや木などの自然素材を多用しつつ、優しい色調のバラも入れて飾りつけました。料理や飲み物もできるだけオーガニックに近づけてバランスを取りましょう。アウトドアはもちろん、自然光の降り注ぐハウスウェディングにも似合います。

1. 海が見えるガーデンに会場をセッティング。テーブルクロスはもちろんリネン。2. 野菜みたいなイメージの花々をセンターピースに。木の皮や陶器のフラワーベースを取り混ぜて。3. リネンのナプキンに、貝殻プリントのペーパーナプキン。4. 籐のランチョンマットはオーガニックの定番です

あえて控えめな装飾がスタイリッシュ。
ロハスなライフスタイルを支持するカップルに

健康にも環境にも配慮したウェディングパーティを望むカップルも増えています。二人のセンスはもとより、これからの生き方や価値観をゲストに伝える場にもなりますね。一見慎ましやかだけれど、こだわりがたくさん詰まったオーガニックなテーブルコーディネートは、凜とした空気感さえ漂ってきそう。花の代わりにハーブや多肉植物を取り入れ、食器やグラスは大切に使われてきたアンティークのものにすると、温かみが伝わります。ペーパーアイテムも小さくさりげないのが基本。できれば丁寧に手作りしたものを添えたいですね。

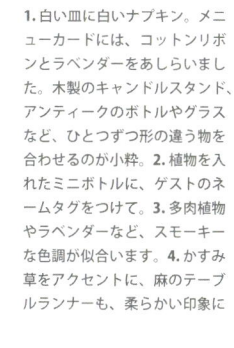

1. 白い皿に白いナプキン。メニューカードには、コットンリボンとラベンダーをあしらいました。木製のキャンドルスタンド、アンティークのボトルやグラスなど、ひとつずつ形の違う物を合わせるのが小粋。**2.** 植物を入れたミニボトルに、ゲストのネームタグをつけて。**3.** 多肉植物やラベンダーなど、スモーキーな色調が似合います。**4.** かすみ草をアクセントに、麻のテーブルランナーも、柔らかい印象に

Table Coordination

Neo Organic

自然素材に元気色が新鮮にマッチ
オーガニックとビタミンカラー、異色のコンビネーション

**地球に優しい素材感にこだわると
テーブルまわりが新しい表情に**

ここは、オーシャンフロントの邸宅。オレンジ×サックスブルーのテーマカラーもスタイリッシュですが、そこにオーガニックなテイストを取り込むことで、ぐっと個性的に。麻布とオレンジの花のガーランドで立てたアーバーもシンボリックです。テーブルのセンターピースにはスイートな色合いのバラも使っていますが、器が木の皮を剥いだものだったり、わらを巻いた小瓶だったり…。ひとつひとつ心をこめて手作りした小物に、ゲストにもおもてなしの心を感じていただけたようです。

1. 自然界にある色をベースに、パステルカラー、そして要所要所にビビッドオレンジのアクセント。フレッシュなカラーパレットです。**2.** シェルをかたどったメニューカードをナプキンに挟み込んでセット。テーマカラーをそのまま表して。**3.** テーブルのセンターには木の皮を敷きました。フラワーアレンジメントのほか、ボトルやキャンドルホルダーなど小さな物も集めて置いて

Cool Marine

南の島のクールビューティ！
存在感のあるモチーフでつくる大人のマリンスタイル

コチョウラン、流木、巻き貝…ダイナミックにコーディネート

南の島では海をテーマにすることが多いもの。このときも海をコンセプトにアクアブルーがテーマカラー。大人のカップルなので、幼くカジュアルなデザインにならないよう、シックでクールな装飾を提案しました。プルメリアなど南国の日常花は避け、コチョウランをメインに、大ぶりの巻き貝や流木を使ってのびのびと。ダイナミックなデコレーションが広いガーデンに映えて、ドラマチック！

1. 流木やコチョウランの自然なアーチを生かしたセンターピース。2. 懐かしい「パクパク」はメニューとプログラム、メッセージカードを一緒にしたもの。オリジナルのイラストを入れて。3. ポップコーンを入れたカップやフラッグも、マリンなイメージで手作り。4. キャンドルホルダーに入れた砂、大きな巻き貝など、けっこう大胆！

Table Coordination

感謝を伝える「バウ・リニューアル」の贈り物

「バウ・リニューアル（vow renewal）」という言葉をご存じですか？　そのまま直訳すると「誓いの更新」。「新たな誓い」となりますね。これは今まで一緒に人生を歩んできた二人が、人生の節目に絆を確かめ合い、もう一度愛を誓い合うという欧米の習慣です。結婚20周年、30周年などのお祝いに、ごく一般的に行われています。バウ・リニューアルは「もう一度素敵な結婚式をしたい！」と、お姫様願望を叶えるためのものでは決してありませんよ。ロマンチックなロケーションの多いハワイでは、サンセット間近のビーチや小さな公園などで、さりげなくセレモニーが行われていたりします。思いがけずその場に遭遇できたりすると、とてもハッピーになれる私。年を重ねた老夫婦などが手を取り合って誓い合うその姿に、思わずジンときてしまいます。

さて、まだまだ日本では知られていないバウ・リニューアルの儀式。ウェディング当日、新郎新婦からのサプライズプレゼントとしても素敵だと思います。両親へ、おじいちゃんおばあちゃんへ、お世話になったご夫婦へ…。ゲストの中に婚姻届を出しただけ、または食事会をしただけで結婚式をしていなかったカップルがいたら、二人のためにしてあげるのもおすすめです。特にリゾートウェディングでは、景色もよく心も体も自然にリラックスしているので、気恥ずかしさもなく、感謝の気持ちとして受け取ってもらえるはずです。何より、その場に立ち会った全員が感動に包まれることでしょう！

バウ・リニューアルには特に決まった形やルールはありません。あくまで「結婚式」というセレモニーの形を取っていればいいようです。牧師、もしくは立会人のもと、誓いの言葉を述べ、証明書にサイン。サプライズなので、衣装は無理でもブーケは用意してあげたり、二人用に小さなケーキを準備し、ケーキカットをしてもらう演出もロマンチック。

ちなみに、私も2012年の夏に家族旅行でハワイを訪れた際、ワイマナロビーチでバウ・リニューアルをこっそり用意しました。もちろん、両親のためにです。式に使うフラワーレイを2本準備し、牧師の先生とウクレレミュージシャンを手配しておきました。私たち夫婦と子どもたち、両親だけです。日頃、照れ屋で口数が少なく、どちらかというと仏頂面のことが多い九州男児の不器用な父。人前で母と手を取り合って誓いの言葉を述べ、ハグをし合うなんて、父にとってはとんでもないことに違いありません。無断で勝手にバウ・リニューアルなんていう聞いたこともないものを用意して、もしかしたら怒り出して帰ってしまうかも…。そんな不安が頭から離れないドキドキのサプライズ。

結果は、両親の反応は私の想像をはるかに超え、決して忘れることのできない日になりました。家族全員で、どこまでも広がる海に向かって大合唱し、大笑いし、そして涙…。自分の結婚式より感動したかもしれない、そんな大事な大事な両親の47年目の結婚式でした。

From Naoko

For your own wedding style

Idea 6
Dress-up

センスアップしてドレスアップ！

その日を一生でいちばん輝く日にするために、誰もがこだわるヘアメイクやドレスアップ。
花嫁の装いばかりクローズアップされがちですが、二人のテイストをそろえることも大切。
夢のような挙式やパーティ会場、その中に並んで立つ素敵な二人の姿を思い描いて計画を立てましょう。

アンクル丈のドレスに、コットンレースのサンダルを合わせた花嫁。花婿はグレーのスニーカーのシューレースをラベンダーに。男性の足元にテーマカラーを取り入れると、始終見えている分、とてもこだわっている感じが伝わります

季節感や場所、シーンに合わせて思いきり自由なおしゃれを楽しんで！

由緒ある教会挙式で、肌を隠したほうがよい場合を除き、
ウェディングドレスに絶対の決まりはないものです。
センスよく見える条件はただただTPOに合っていること。
例えばそこがビーチフロントなら、
素材感も見た目も軽快で涼しげな装いが何より素敵！

大人っぽい花合わせのブーケに、幅広いレースでガーリー感をプラス

麻のリボンで束ねた小花のブーケに、愛らしいチャームを飾りました。さりげないジュエリー使いが素敵

ビンテージドレスにブーツ。牧場や高原など、アウトドアでのウェディングには、こんなコーディネートも小粋

芯がピンクのバラをゆったり束ねたエレガントなブーケ。ダークブラウンのリボンを合わせ、存在感を漂わせて

中折れハットとウエスタンブーツをコーディネートしたら、ミニドレスもカウガールみたいに新鮮なイメージ

牧場での結婚式を選んだ二人は、チェック柄のスーツに蝶タイ、ソフトなマーメイドラインのドレスで、ふわりとたたずんで…

ダスティミラーを根元にくるりと添えたブーケに、リボンとレースのダブル使い。カジュアルな花束もあっという間にウェディングらしい表情に

ニュアンスカラーのバラに、オーストリッチをたっぷり入れて。サテンのリボンとキラキラチャームで、極上のブーケが完成

花嫁は着替えなくても、花婿がビーチスタイルにチェンジするだけで、センスアップ！

ワイヤーでbrideの文字を描いたハンガー。お支度シーンなどのイメージフォトに活躍してくれます

Dress-up 85

Idea 6

花嫁は全身白で、花婿がテーマカラーを身につけるというのもスマート。このカップルは、ラベンダー×ブルーがテーマカラーのガーデンウェディングでした。チノパンとショートジャケットの着こなしが抜群におしゃれ！

髪につけたのは、花嫁自ら作った花冠。細いガーランドに、ポイント的にあしらった花が絶妙のバランス感。ダウンスタイルにマッチします

ラスティックなクラッチブーケが"今"の気分。上はイエローのガーデンローズとダスティミラーを束ね、麻ひもでぐるぐる巻いたブーケ。右は、アネモネとチューリップを麻ひもでラフにまとめて

ピーチピンク、サーモンピンクの上品なバラに心惹かれて。純白のサテンリボンで可憐に仕上げた、王道のクラッチブーケです

コチョウラン、ラナンキュラス、スイートピーに毛糸を巻いたラスティックなブーケ。男性のブートニアも毛糸で束ね、ミニミニブーケ風に

シルクハットにステッキを持った花婿が、カップルのおしゃれ度をぐんとアップしています。ウェディングドレスが冒険しにくい分、男性がおしゃれをリードしてくれるのも頼もしい！

バラオンリーのコンサバティブなブーケに、木の枝をプラスしてスタイリッシュに

別々にコーディネートする場合も、二人並んで立ったときのバランスを想像して

それぞれに衣装を用意して、当日初めて見せ合う場合、相手の装いを予想し、時には探りを入れたりしながら二人のバランスを計算してコーディネートしましょう。ウェディングは、男性のほうがこだわりが見えやすいもの。花婿が素敵だとカップルのグレード感もアップします。

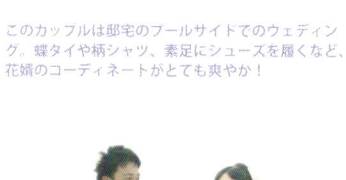

海外でよく見る靴底ステッカー。こっそりイニシャルやメッセージを

このカップルは邸宅のプールサイドでのウェディング。蝶タイや柄シャツ、素足にシューズを履くなど、花婿のコーディネートがとても爽やか！

Dress-up 87

おしゃれなウェディングフォトを残すために…

　ここ最近のウェディングで、比重が大きくなってきているのが「ウェディングフォト」。映像と違い、動きもしない音も発しない写真だからこそ、逆にいつまでも色褪せないタイムレスな価値がそこにはあります。せっかくディテールにまでこだわった夢のような結婚式なのですから、写真も素敵に残したいですよね。

　素敵な写真を残すには、やはりどこに所属しているどのフォトグラファーを選ぶかが大切です。ひと口にフォトグラファーといっても本当にさまざまなスタイルやテイストの方がいます。その方が今までに撮った写真をたくさん見せてもらうことをおすすめ。また、その場所やその会場を得手不得手とするフォトグラファーもいるので、できれば自分が写真を撮りたいロケーションを撮った写真を見せてもらい、好きな人を選ぶのがベストです。

　そして技術だけではない、そのフォトグラファーの人柄も忘れてはいけない重要ポイント。当日の緊張やアクシデントなども、すべてハッピーな方向へ導き、最高の笑顔を引き出してくれるのもフォトグラファーの大切な役目なんですから。お願いする前に、その方と実際に会ってお話しできるなら、よりベターですね。朝のメイクタイムからパーティが終わるそのときまで…長い長い一日をずっとともにするフォトグラファーだからこそ、パーソナリティも大切、と私は思います。

　次に撮られる側の大切なこと。それは照れないことに尽きます！　日本人は特にシャイ。恥ずかしがってモジモジしたり変に腰が引けたりして、動きがぎこちないとかえって格好悪い写真になってしまいます。例えばファーストミートを写真に残したい場合、ご対面シーンでは少しオーバーアクション気味に振る舞うぐらいが、ちょうどいいのです。新郎が照れて突っ立ってしまうと、なんのシーンかわからない写真になってしまいますね。思いきり花嫁をハグしてあげる勢いも大事。主役に徹して撮影タイムを思いきり楽しんじゃいましょう。

　その次に、撮影小物やファッションで写真に変化をつけること。たくさん出回っているプロップ（唇やヒゲの形のもの）やメッセージ入りのバナー、大きな風船など、持つだけで楽しく動きが出ます。ハンドメイドのフラッグガーランドなどは、お金も手間もそれほどかからずかわいい一枚が残せます。衣装はシーンに合わせてどこかちょっとチェンジしてみては？　ドレスを着替えなくても、ヘアスタイルやアクセサリーを変えるだけでも表情の違った写真になります。ビーチ撮影には麦わら帽子でリゾート感を、タウンでシルクハットをかぶればクラシカルなイメージ。ヒールからスニーカーに履き替えればカジュアルになるし、砂浜では素足にビーチサンダルもいいですね。

　自分たちカップル、ヘアメイクさんやフローリスト、フォトグラファー、そしてもちろんプランナーとは「チーム」の気持ちで楽しくコミュニケーション。その気持ちはきっと写真に写ります。

From Naoko

For your own wedding style

Idea 7

Paper Item

ペーパーアイテムでオリジナリティをアピール

印刷物はほんの少しの工夫で個性を表現しやすく、人と差がつきやすいアイテム。
紙自体はプチプライスなので、ふんだんに活用できるのがいいところ。あとはアイディア次第。
欧米の習慣を取り入れ、まだあまり使う人が少ないアイテムにも注目してみて！

Save the Date Card
— セーブ・ザ・デート・カード —

「この日を空けておいてね！」と
"プレ招待状" でお知らせ

欧米のおしゃれな習慣を取り入れてみて

結婚式の日程が決まったら、日本ではまず電話やメールでお知らせするのが一般的ですが、欧米ではカードを送る習慣があります。ぜひ、真似してみませんか？　かしこまった招待状より遊べるので、すでにテーマが決まっていればそれもデザインに組み込んで。

1. 灯台のイラストで「海」のテーマをサジェスチョン！　**2.** ナチュラル感いっぱいのウェディングを連想させるデザイン。**3.** 自転車が趣味の二人なら、こんなアクティブなカードも。**4.** シンプルだけれど、さりげない♥モチーフに好感度いっぱい。**5.** ややフォーマルに、花のイラストを使ってクラシカルにまとめて

Idea 7

どんなウェディングなのか連想できるデザインがGOOD！

ゲストは当日まで、受け取った招待状から結婚式のイメージを思い描いています。だから招待状はとても重要なアイテム。発送する頃にはコンセプトやテーマカラーも決まっているので、それを意識したデザインにしたいもの。当日に使用するほかのペーパーアイテムとおそろいのデザインにするのもおしゃれです。

1. ハワイウェディングを伝えるイラストマップ付き招待状。文面はカードの表面に。**2.** ガーデンウェディングの招待状には、アウトドアを連想させる手描きイラストを使用。**3.** 招待状のほか、会場説明や返信用ハガキなど、ぜひ同じデザインで統一を。**4.** まるで小包を思わせる、箱入りの招待状。そのまま荷物につけられる、名前入りのラゲージタグにメッセージを添えて

Invitation Card
— インビテーションカード —

ウェディングの第一印象はこれ！
招待状は重要なキーアイテム

Paper Item 91

Escort Card
— エスコートカード —

席に着く前にワクワク！
ゲストを楽しませる案内カード

席次表とは別に用意して、かわいくエスコート!

エスコートカードは、名前とテーブル名が記されたミニカード。ゲストはパーティの受付で自分のカードを探し、それを見て席を探します。カードにはプチギフトを添えたり、メッセージを書いたり…、そのうえでかわいく並べるとデコレーションのひとつになりますね。

1. りんごの葉っぱがカードに! りんごごと手に取って、お好きな方はそのままガブリ♪ **2.** 男性用に生花のブートニアにカードを添えて。その場でつけてもらいましょう。 **3.** 海がテーマなのでウニの殻を使いました。リボンで結ぶだけで完成。 **4.** ドア形のクッキーをカードにしたカップルも。ドアの部屋番号は結婚式の日付です。 **5.** サンドダラーというウニの殻に手描きしたエスコートカード。 **6.** コンパスとカードを組み合わせて。

ほんのひと工夫で凝った印象になるのがいいところ

ペーパーアイテムは、人によって増やすことも減らすことも自由なアイテム。せっかくなら初めからデコレーションに取り入れるつもりで作りましょう。紙はそれほど高価でないので、オリジナルのアイディアでオーダーしてもいいと思います。

1. ワインの空きボトルを利用したエコなテーブルサイン。動物のイラストがテーブル名代わり。エスコートカードも同じイラストで。**2.** マリンがテーマの二人に、錨マークのロゴを入れて。**3.** 席次表代わりに作ったボードのシーティングチャート。アンティークな額と一緒に。**4.** カードに帯をつけ、カフェっぽい雰囲気のメニュー。**5.** 手描きイラストのメニューですが、このイラストをフレームに入れ、会場のあちこちにディスプレイ

Menu Card & Others
— メニューカードなど —

ペーパーアイテムを活用して
パーティ会場をもっとセンスアップ！

For your own wedding style

Idea 8

Wedding Cake

ウェディングケーキにも、小さなサプライズを

リゾートやガーデンでは、生ケーキ＋シュガーコーティングが理想的。
オール生ケーキよりもデザイン性が豊かな分、二人の好みや個性をアピールできるのがメリットです。
まるでキラリと光る宝石のように、フォトジェニックなケーキで視線を釘づけに！

女の子の夢をそのまま形にしたチャーミングなケーキ

「かわいい〜!」という声がいっせいに上がる、とびきりスイートなデザイン。
会場デコレーションの一部ととらえてコーディネートすると、より素敵です。

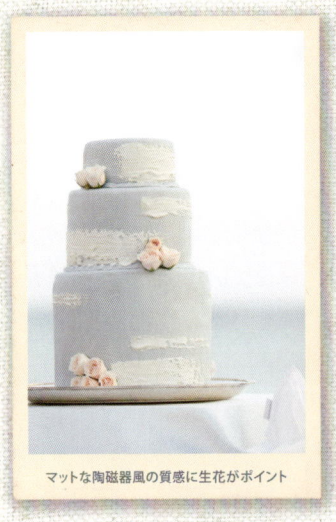

ピンク×ブルーのかわいらしさが光るデザイン

水玉、ストライプ、リボンと究極のガーリー！

イニシャル入りケーキをアジサイで飾りつけ

グラデーションになった花びらをモチーフに

マットな陶磁器風の質感に生花がポイント

ランダムなボーダー柄にリボン風ネームタグ

ポップな配色に、ヒトデと貝殻がアクセント

純白のケーキをアジサイでデコレーション

イエロー×グレーでフェアリーテール風

大人っぽいパーティにも似合う クールなカラーリング

シンプルなデザイン、主張しすぎないケーキがお好きなカップルに。
涼しげな寒色や、飾りすぎないナチュラルなイメージでオーダーしましょう。

ペールブルーのケーキをアジサイでデコ

ゴールドの繊細な飾りでシンプル&リッチ

ライトグレーにアーガイル模様が新しい！

濃紺で引き締めたスタイリッシュなデザイン

多肉植物などでオーガニックに飾って

大人なカラーリングとコチョウランに注目

細かなフリル使いとグラデーションが新鮮

コテムラで表情豊か！ パープルのグラデ

リアルな木を使用してオーガニック系に

Wedding Cake 97

カラフルが楽しい！ ゲストも集まるポップなケーキ

かわいく飾られたケーキはそれだけでみんなが集まり、笑顔のきっかけになりますね。
人気はカップケーキを並べたタイプ。ケーキカットをする場合は大きなパーツをセンターに配置しましょう。

二人のテーマ「鳥」をモチーフにデザイン

サンゴやヒトデを飾って「海」を表現

サークルモチーフが楽しいデコレーション

細かく重ねた黄色のリボンがポイント

ペットの犬と猫をそのままケーキに！

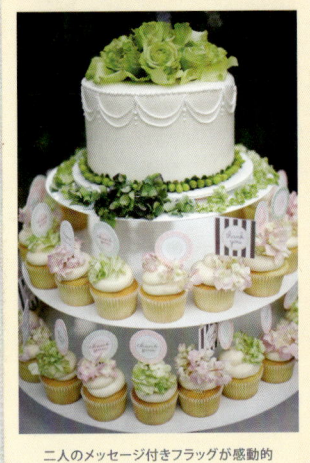

二人のメッセージ付きフラッグが感動的

指輪をエサに釣りするトッパーが注目の的

スーツケース＋旅行モチーフで賑やかに

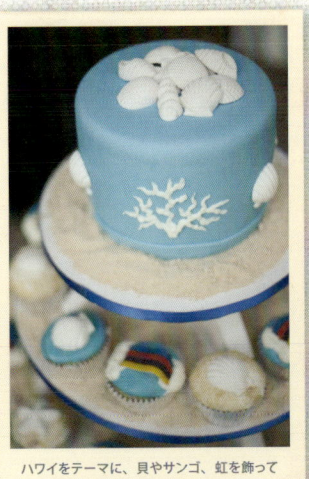

ハワイをテーマに、貝やサンゴ、虹を飾って

Cake Topper

ケーキトッパーは、文字通りケーキのいちばん上に飾るアイテム。人形や動物など具体的なモチーフにすると、一気に物語が生まれます。思わずクスッと笑いがこぼれそうな花嫁花婿の人形はバリエーションも豊富で、二人の個性をアピールするのに◎。持ち帰って、ぜひ新居に飾りましょう。パティシエが作る、食べられるタイプもオリジナリティ抜群です。

1. トランクに乗ってキス！キュートなカップル。**2.**「ツインバード」は幸福のモチーフとして。**3.** 芝生や自転車など、ディテールに凝っています。**4.** サッカー好きな二人に。**5. 6.** ユーモラスな「強い花嫁」のストーリーが人気。**7.** 花嫁の得意なピアノ、花婿の大好きな海をテーマにして。**8.** ロープを操るカウガールがユニーク！

ウェディングケーキにストーリーを吹き込む
表情豊かなケーキトッパー

Wedding Cake　99

「ブライダルパーティ」を日本でも！

　ここ数年で、ようやく日本にも浸透してきたブライズメイドやグルームズマンですが、国内ではまだ正しく理解されていないことが多いよう。「仲のいい友達でおそろいのドレスを身につけて、ワイワイ賑やかに写真をたくさん撮りたい」…では、本来の役割と言えません。

　欧米の結婚式では、花嫁にはブライズメイド、花婿にはグルームズマン（またはアッシャー）と呼ばれる同性のお世話係が付き添います。ブライズメイドたちのリーダーはメイド・オブ・オナー、グルームズマンのリーダーはベストマンです。男性陣女性陣の人数はだいたい同じにするのが普通。さらにリングを運ぶリングベアラー役の男の子、花びらを撒くフラワーガール役の女の子などスタッフメンバーを全部まとめて「ブライダルパーティ（もしくはウェディングパーティ）」と呼びます。パーティはパーティでも、人のことを言うんですね。おそろいの衣装で立ち並ぶその姿はとても迫力があって写真映えしますし、スペシャル感を演出してくれます。

　その昔、ヨーロッパでは新郎新婦が悪魔に襲われないよう、同じ衣装の男女をそろえて目をくらませたことが由来と言われるこのパーティ。その意味からすると花嫁とブライズメイドが違うドレスではおかしいことになりますが、徐々に変わってきています。ブライズメイドはウェディングのテーマカラーに沿ったドレスなどを着たほうが絶対華やか。その分、ブーケだけは花嫁と同じ花材で作るといいでしょう。でも、ブライズメイドのドレスやブーケは花嫁から皆さんにプレゼントするのが一般的。決して高いものを選ぶ必要はありません。リゾートならカジュアルなワンピースでもいいと思います。これらは男性も同様で、リゾートならおそろいのスーツを新調する必要はなく、パンツとシャツはお手持ちのものを着て、タイだけみんなで同じものを準備するというスタイルでも、十分だと思います。

　また、親しい友人や兄弟姉妹、親戚などから未婚の人を選出して依頼するのが一般的ですが、昨今では仲のよい人を優先し、既婚者が務めることも少なくありません。欧米でもしきたりは徐々に変化してきているようです。

　また、新郎新婦どちらのブライダルパーティも、結婚式当日のお世話係であると同時に、結婚式までの準備も全面的にお手伝いします。洋画を観ていると、ウェディングにまつわるシーンによく出てきますが、ブライズメイドは花嫁の衣装選びから招待状の宛名書き、独身最後のパーティのしきりまで、花嫁の手となり足となって働きます。そしてマリッジブルーに陥ったときも側に寄り添い、一生懸命尽くします。日本では、新郎新婦が主体で準備をするので、お手伝いする機会があまりありません。それでも、いつも花嫁の側にいて、声をかけるなどのサポートでもうれしいもの。当日は受付や司会など、積極的に活躍してもらってくださいね！

From Naoko

For your own wedding style

Idea 9

Gift

演出や装飾を兼ねたギフトでおもてなし

パーティの中で手渡したり、自由に取ってもらったりする気張らないプチギフト。
おもてなしの気持ちを表すと同時に、会場の雰囲気づくりにひと役買うアイテムのひとつです。
デコレーションのアクセントやテーブルセッティングの一部として飾ってみて。

お気軽にお手軽に！
"Take Free"のエスプリを

オーガニックな雰囲気のギフトコーナー。**1.**バゲット＆ローズマリー。その場で食べてもお持ち帰りも自由に。**2.**コーヒー豆のギフトの横には、挽いて持ち帰りたい人のためにミルも置いてみました

パーティで身につけていただく小物をプレゼント

ゲストみんなにおそろいで何か身につけてもらうのも楽しい演出。パーティの受付に並べて渡したり、席に用意する場合は、司会やブライズメイドにアナウンスしてもらうとわかりやすいですね。**1.**男性に用意した蝶タイ。みんなでおそろいというだけで盛り上がります。**2.**女性陣へ小花のリストレットを。小さなアクセサリーなので、誰でもつけやすそう。**3.**こちらも女性ゲストへ造花のリース。さりげなく細いデザインなら気後れせずにつけられます

エコバッグやポーチをオリジナルで

1.2.記念の意味をこめて作るオリジナルグッズはいかが？　今はデータを送って簡単に作製できるタイプのものがたくさんあります。リゾートウェディングなら、その場所にまつわるイラストや写真を入れたバッグやポーチがおすすめ。帰りに荷物を入れて使ってもらいましょう

GIFT

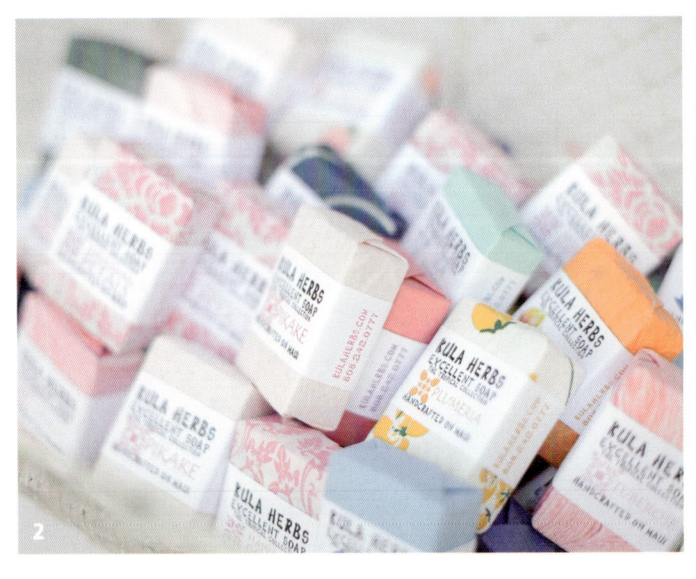

かわいく並べて！
プチギフトはディスプレイに利用

二人から手渡す小さなギフトは、せっかくなら専用テーブルを作ってディスプレイ。**1.** ミニバッグに入れたのは扇子とメッセージカード。**2.** 和紙でラッピングしたハンドメイドのソープをバスケットに入れて。**3.** ハワイの定番リリコイバターに、花嫁の手作りタグをリボンでつけてギフトに。ランダムに積み上げるのもおしゃれ

ひと工夫して
テーブルセッティングの脇役に

食べ物やハンカチなど、テーブルの上に置いても差し支えないギフトは、メニューカードやナプキンとともにセッティング。**1.**オアフの地図をつけたハワイアンソルト。鍵付きの席札と一緒に。**2.**スティックに入ったソルトにリボンをつけて。**3.**ゲストの名入りハンカチをシャツのように折って、席札を兼ねるのもいいアイディア

リゾートでのイチ押しは
カラフルなビーチサンダル！

ハワイのウェディングで喜ばれるギフトといえば、ビーチサンダル。日本でも夏のウェディングによさそう。あえて色を揃え、かごに入れてデコレーション。自由に履いてもらいましょう。**1.**リラックスして、とメッセージ付きで。**2.**ギフトタグをつけるだけでプレゼントらしさが出ます。**3.**メッセージを書いた♡のタグ付きです

Gift 105

106　From Naoko @ Wedding Scenes

もっと知ってほしいウェディングプランナーのこと

海外の映画やドラマを観ていると、ウェディングプランナーという職業はわりと頻繁に登場します。大抵は花嫁に付き添って会場の下見をしていたり、ギフトを選んでいたりするシーン…。欧米では、プランナーといえばフリーランスで活躍している人のこと。二人らしい挙式・披露宴を形にするため、一から十までサポートするのが仕事です。何もないところから二人の夢を聞き出し、疑問を解決し、全面的に二人をバックアップする。つまり、ひと組のカップルが結婚式を無事に終えるまでのトータルアドバイザー的な役割なのです。

ですから、欧米では結婚が決まったカップルは、まずウェディングプランナーを探すことから始めます。「このウェディングプランナーにお願いしたい！」と依頼しない限り、まだ会場選びも何もスタートしません。

私はハワイに実際に住んでから自分の結婚準備をしたので、初めからアメリカンスタイルの結婚式と、それに関わるプランナーの仕事を垣間見ていました。その後、現地でウェディングプランナーとして学び始めてからは、間違いなく欧米スタイルのプランナーでした。即ち、お客様の希望に沿った会場を一緒に下見し、パーティの中身をゼロからプロデュースし、ドレスショップを一緒に探し、ヘアメイク、フローリスト、フォトグラファーなど、各分野のスペシャリストたちとともにチームとなって、当日まで二人をサポートし続けます。それが純粋なウェディングのスタイルだと思っていたのです。

一方、日本でウェディングプランナー（もしくはブライダルコーディネーターなど）といえば、一般的にはその会場に所属しているか社員の方がほとんどでしょう。自分の所属する会場と契約したカップルに対し、会場内、または提携先からさまざまなアイテムを提案し、選んでもらうことで結婚式の準備が整っていきます。ちなみにこれは日本特有の文化です。国内ではこのように会場セレクトから始める方式が主流ですが、カップルにしてみれば会場側のルールに縛られ、我慢しなければいけないことがいろいろ出てくることもあります。会場所属のプランナーは会場でできることを提案するのが使命なので、それは仕方のないことなんですが…。

日本でもこの数年で少しずつ増えてきたフリーランスのプランナー。こちらはカップルに雇われている形なので、当然お客様目線になります。先に説明したように、まずは二人にヒアリングをし、希望するウェディングの形を具体的に提案。相談しながら一緒につくり上げていくのです。つまり会場所属のウェディングプランナーと個人のウェディングプランナー、名前は同じですが仕事の内容は大きく違うということ。しかも後者はまだまだ活躍の場がそれほど多くありません。

結婚するカップルは誰だって、初めてでわからないことばかり。挙式は無論のこと、パーティの演出や組み立て、タイムスケジュール、全体の予算のこと、ドレスやブーケのバランス…、疑問も不安もいっぱいでしょう。だから二人の味方になり、最初のスタート地点から結婚式当日のすべてが終わるそのときまで寄り添ってあげるプランナーが必要だと思っています。

「ウェディングは、カタログから購入する商品ではない」、ずっとそう思ってきました。作られた商品を販売するのではなく、純粋にカップルのことを考えてアドバイスをしてあげられる存在、ときには間違った方向へ走っていってしまいそうなカップルに言葉を添えてあげられるような…そんな心強い存在でありたいと思います。

私が言うのもおこがましいのですが、ウェディングプランナーは本当に素敵な仕事です。すべてのお客様とは一期一会、でも全力投球。だからこそ心の中に、その出会いの記憶が残り続けます。そんな素敵さを知ってか、最近フリーのプランナーがじわじわと増えてきました。これはとてもうれしいこと。今後は日本でも、欧米スタイルのウェディングプランナーがのびのび活躍できる環境になりますように…。そして、結婚するカップルが思い思いに好きなものを選び、組み合わせて、素敵なウェディングシーンがつくれますように…。それが今の心からの願いです。

From Naoko

Schedule & To Do List

- Marriage Announcement to Parents
- Engagement
- Choose the Wedding Planner
- Choose your Concept
- Send Save the Date Card
- Draft the Guest List
- Pick your Wedding Party
- Reserve Venues
- Plan Honeymoon
- Order Invitations
- Book the Photographer
- Book the Make up Artist
- Choose Groom's Tuxedo
- Start Wedding Dress Fittings
- Pick Theme Colors
- Book the Florist
- Start Beauty Program
- Shop Dresses for Bridal Party
- Send Wedding Invitations
- Book MC and DJ
- Finalize Flowers
- Select the Menu
- Select and Order the Wedding Cake
- Purchase Marriage Rings
- Finalize Guest List
- Order Menu Cards and Name Cards
- Select and Purchase Favors
- Meeting with MC
- Get Your Nails Done
- Hair & Makeup Rehearsal
- Decide Guests Seating
- Send Thank You Notes to Family
- Your Wedding Day
- Honeymoon

結婚式までの準備 & スケジュール

プロポーズをされたら、
ワクワクな結婚準備のスタートです！
ウェディングのスタイルによって
前後しますが、参考までにどうぞ。

6カ月前まで
- 両親への報告＆挨拶
- 婚約（結納＆会食）
- ウェディングプランナーへの依頼
- コンセプト固め、会場の下見＆予約

> 「婚約」は、結婚の約束を公にすること。結納や会食をすると自然に結婚準備に入れます。また、自由度の高いウェディングを望む二人は、会場探しなどを始める前に、まずはウェディングプランナーを探し、依頼しましょう。

6カ月前〜
- 日取り決定
- ゲストリストに沿って出席連絡

> 日にちを決めたら、ウェディングのコンセプト固めなどはこの期間も継続中。ゲストの顔ぶれや人数の予想を立てると、どんな挙式・披露宴にしたいかがよりクリアに見えてきます。確実に呼びたいゲストには、もうお知らせを。

4カ月前〜
- フォトグラファー、ヘアメイク、フラワーデザイナーなどのセレクト
- 同上の決定＆手配
- テーマカラーの決定
- ハネムーン（or 海外挙式）の旅行手配
- 招待状のオーダー
- ウェディングドレスの試着＆手配
- 新郎の衣装選び
- ブライダルパーティ（＝スタッフ）の依頼

> 徐々に具体的な準備が始まります。そのためには、フラワーデザイナーやヘアメイク、フォトグラファー、友人スタッフなども依頼し、チームとなってもらいましょう。会場装飾は、このあたりから打ち合わせがスタート！

3カ月前〜
- ブライダルエステのスタート
- ブライズメイドやグルームズマンの衣装の手配
- 招待状の発送
- プログラム、BGMや映像などの演出の決定
- スピーチや余興の依頼

> 衣装や花嫁美容にも目を向ける時期です。パーティの内容を詰めていくのも楽しい作業ですが、仕事をしている花嫁は、打ち合わせの連続で疲れも出てくる頃。ブライダルエステの予定を組んで、リラックス＆リフレッシュを。

2カ月前〜
- 結婚指輪のオーダー
- 料理メニューやケーキ、ドリンク内容の決定
- 会場装花やブーケの決定＆オーダー
- メニューカードほか、ペーパーアイテムの手配
- ゲストの出欠確認

> さまざまなアイテムの手配とオーダーが目白押し。当日のディテールが見えてくるので、逆にあれもしたいこれもしたい…いろいろ出てきます。プランナーと相談しながら、無理なく、自分たちらしく進めましょう。

1カ月前〜
- ギフトのセレクト
- 司会者やスタッフとの打ち合わせ
- ゲストの席次を決定

> あと1カ月まで来たら、ウェディングモード全開です！ ネイルはどうしよう？ ヘアメイクのリハーサルを念入りにしたい…など、ビューティ関連のこだわりが増してくる時期でもあります。もう少しです、頑張って！

1週間前〜
- ネイルの仕上げ
- ヘアメイクのリハーサル
- スタッフ、両親や大切な人への挨拶

> 1週間前の二人には、やることがいっぱい。人に任せられることは頼んじゃいましょう。毎晩遅くまでゲストへのメッセージや両親への手紙を書いたりする花嫁も…。予想外の打ち合わせも多いので、体調に気をつけて。

当日
- ウェディング（持ち物を再チェック）
- ハネムーンへ

> とうとうスペシャルな日。この日を想像するだけでワクワク感が高まります。忙しいなかでも、両親やゲストへの挨拶は丁寧に。「完璧に過ごす」ではなく「楽しむこと」が大切。その日がとびきりの笑顔で包まれますように！

Schedule & To Do List

Photography
VISIONARI
Matthew Alvarado Photographer
Akira Seo
Jayson Tanega Photography
Casey Liu

Florist
Designs by Hemingway
Flowers for Two
Bella Bloom Floral Boutique (Maui)

Hair & Make-up
Make-up Service Miho
Shinobu Kelly
HAIR & MAKEUP RISA
Machi Barros
Hiroko Adachi

Location
The Bayer Estate
Haiku Mill
Royal Hills
Sunset Ranch

Cake
A Cake Life
Sweet as Sugar
Cake Works
We Heart Cake Company

Dress
ADER
THE SURREY

Coordinator
Keiko Kawarazaki
Kyoko Yamanishi
YOSHI
Mami Kozuki

Transportation
Shige Luxury Tours&Limousine

Rifle Paper Co.

Pacific Weddings

そして一緒にウェディングをつくり上げてきたWedding Scenesのすべてのお客様

小林直子

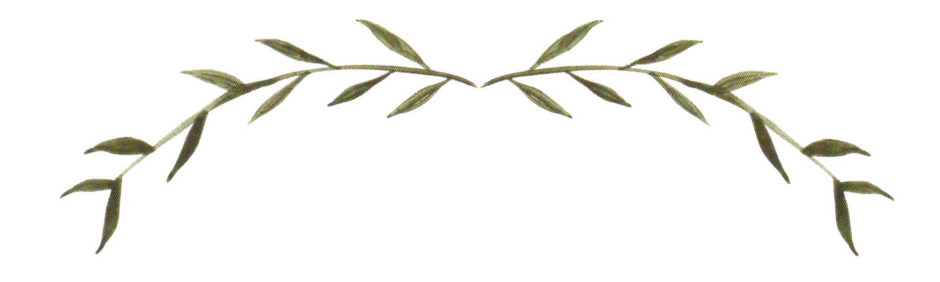

Special Thanks

VISIONARI
THE BAYER ESTATE
YOKO OKI
KOJI KOBAYASHI
KEIKO Jaffuel
KYOKO YAMANISHI
MY FAMILY & MY FRIENDS

デザインワーク／吉田ちかげ・野竹由香里
構成・文／蓮見則子

HAWAIIウェディングプランナーのアイディアBOOK
世界一素敵なウェディングシーンのつくり方

Wedding Scenes

2014年6月25日　第1刷発行
2015年6月15日　第3刷発行

著者　　小林直子
発行人　田中 恵
編集人　関　薫
発行所　株式会社　集英社
　　　　〒101-8050　東京都千代田区一ツ橋2-5-10
　　　　編集部　TEL.03-3230-6289
　　　　販売部　TEL.03-3230-6393（書店専用）
　　　　読者係　TEL.03-3230-6080
印刷　　大日本印刷株式会社
製本　　共同製本株式会社

造本については十分注意しておりますが、乱丁、落丁（本のページ順序の間違いや抜け落ち）の場合は、
購入された書店名を明記して、小社読者係宛にお送りください。送料は小社負担でお取り替えいたします。
ただし、古書店で購入されたものについてはお取り替えできません。
本書のイラストや写真、文章の一部、あるいは全部の無断転載および複写・複製は法律で認められた場合を除き、
著作権、肖像権の侵害となり、罰せられます。また、業者など、読者本人以外による本書のデジタル化は、
いかなる場合でも一切認められませんのでご注意ください。

©Naoko Kobayashi 2014 Printed in Japan
ISBN978-4-08-333134-3　定価はカバーに表示してあります。